THE STANDARD FOR EARNED VALUE MANAGEMENT

挣值管理标准

[美] Project Management Institute 著

电子工业出版社
Publishing House of Electronics Industry
北京·BEIJING

The Standard for Earned Value Management
ISBN: 978-1-62825-638-3 © 2019 Project Management Institute, Inc. All rights reserved.
《挣值管理标准》© 2023 Project Management Institute, Inc. All rights reserved.

《挣值管理标准》是 *The Standard for Earned Value Management* 的中文简体字翻译版，由 Project Management Institute, Inc.（PMI）授权翻译、出版、发行。未经许可，严禁复印。

致读者

《挣值管理标准》是 *The Standard for Earned Value Management* 的中文简体字翻译版，*The Standard for Earned Value Management* 由 PMI 出版于美国并受美国以及国际上现行的版权法保护。电子工业出版社已得到 PMI 的授权在中国大陆出版发行《挣值管理标准》。《挣值管理标准》中的文字和图的局部或全部，严禁擅自复制。购买《挣值管理标准》的读者被自动视为接受《挣值管理标准》所包含的文、图、信息。PMI 不对《挣值管理标准》的准确性进行担保。若使用《挣值管理标准》的信息，读者自行承担此类使用的风险，PMI、电子工业出版社及其董事会、附属公司、继承人、雇员、代理人、代表等均不对此类使用行为造成的侵害进行赔偿。

Notice to Readers

This publication is a translation of the English Language publication, *The Standard for Earned Value Management*, which is published in the United States of America by the Project Management Institute, Inc. (PMI) and is protected by all applicable copyright laws in the United States and Internationally. This publication includes the text of *The Standard for Earned Value Management* in its entirety, and Publishing House of Electronics Industry (PHEI), with the permission of PMI, has reproduced it. Any unauthorized reproduction of this material is strictly prohibited. All such information, content and related graphics, which are provided herein are being provided to the reader in an "as is" condition. Further, PMI makes no warranty, guarantee or representation, implied or expressed, as to the accuracy or content of the translation. Anyone using the information contained in this translation does so at his/her own risk and shall be deemed to indemnify PMI, or Publishing House of Electronics Industry (PHEI), their boards, affiliates, successors, employees, agents, representatives, and members from any and all injury of any kind arising from such use.

商标提示

"PMI"、PMI 的标志、"PMP"、"CAPM"、"PMBOK"、"OPM3" 和 Quarter Globe Design 是 PMI 的商标或注册商标，已在美国等国家注册。欲知更多有关 PMI 的商标，请联系 PMI 的法律部门。

Trademark Notice

"PMI", the PMI logo, "PMP", "CAPM", "PMBOK", "OPM3" and the Quarter Globe Design are marks or registered marks of the Project Management Institute, Inc. in the United States and other nations. For a comprehensive list of PMI marks, contact the PMI Legal Department.

图书在版编目（CIP）数据

挣值管理标准 / 美国项目管理协会著；杨磊，郭晗，于秀译. —北京：电子工业出版社，2023.3
书名原文：The Standard for Earned Value Management
ISBN 978-7-121-45190-4

Ⅰ. ①挣… Ⅱ. ①美… ②杨… ③郭… ④于… Ⅲ. ①项目管理－标准 Ⅳ. ①F27-65

中国国家版本馆 CIP 数据核字（2023）第 041754 号

责任编辑：卢小雷
印　　刷：北京盛通印刷股份有限公司
装　　订：北京盛通印刷股份有限公司
出版发行：电子工业出版社
　　　　　北京市海淀区万寿路 173 信箱　邮编 100036
开　　本：880×1230　1/16　印张：10.75　字数：212 千字
版　　次：2023 年 3 月第 1 版
印　　次：2023 年 3 月第 1 次印刷
定　　价：98.00 元

凡所购买电子工业出版社图书有缺损问题，请向购买书店调换。若书店售缺，请与本社发行部联系，联系及邮购电话：(010) 88254888, 88258888。
质量投诉请发邮件至 zlts@phei.com.cn，盗版侵权举报请发邮件至 dbqq@phei.com.cn。
本书咨询联系方式：(010) 88254199，sjb@phei.com.cn。

声明

作为项目管理协会（PMI）的标准和指南，本指南是通过相关人员的自愿参与和共同协商而开发的。其开发过程汇集了一批志愿者，并广泛收集了对本指南内容感兴趣的人士的观点。PMI 管理该开发过程并制定规则以促进协商的公平性，但并没有直接参与写作，也没有独立测试、评估或核实本指南所含任何信息的准确性、完整性或本指南所含任何判断的有效性。

因本指南或对本指南的应用或依赖而直接或间接造成的任何人身伤害、财产或其他损失，PMI 不承担任何责任，无论特殊、间接、因果还是补偿性的责任。PMI 不明示或暗示地保证或担保本指南所含信息的准确性与完整性，也不保证本指南所含信息能满足你的特殊目的或需要。PMI 不为任何使用本标准或指南的制造商或供应商的产品或服务提供担保。

PMI 出版和发行本指南，既不代表向任何个人或团体提供专业或其他服务，也不为任何个人或团体履行对他人的任何义务。在处理任何具体情况时，本指南的使用者都应依据自身的独立判断，或在必要时向资深专业人士寻求建议。与本指南议题相关的信息或标准亦可从其他途径获得。

读者可以从这些途径获取本指南未包含的观点或信息。PMI 无权也不会监督或强迫他人遵循本指南的内容，不会为安全或健康原因对产品、设计或安装进行认证、测试或检查。本指南中关于符合健康或安全要求的任何证明或声明，都不是 PMI 做出的，而应由认证者或声明者承担全部责任。

目录

第 1 章　引论 1
   1.1　挣值管理标准的目的 1
   1.2　标准的结构 2
   1.3　什么是挣值管理 3
      1.3.1　EVM 概述 3
      1.3.2　EVM 系统视图 4
      1.3.3　EVM 和项目管理 5
      1.3.4　主要 EVM 术语和指标 7
   1.4　基本的 EVM 概念 9
   1.5　项目组合和项目集之间的关系 10
      1.5.1　项目组合和项目集管理领域 10
      1.5.2　使用 EVM 在整个项目组合、项目集和项目的生命周期中管理绩效 11
   1.6　应用 EVM 的好处 14
   1.7　成功实施 EVM 的必要条件 16

第 2 章　启动 17
   2.1　概述 17
   2.2　关于项目章程的考虑因素 18
   2.3　关于干系人的考虑因素 19
   2.4　确定 EVM 系统（EVMS）的适用性 21
      2.4.1　介绍 21
      2.4.2　实施 EVMS 的考虑因素 21
      2.4.3　EVM 的裁剪 23
      2.4.4　EVMS 的部署 24

第 3 章	规划	27
3.1	概述	27
3.1.1	规划使用 EVM 的项目	28
3.1.2	规划 EVM 时需要考虑的因素	29
3.2	制订项目管理计划	30
3.2.1	规划范围	31
3.2.2	规划进度	32
3.2.3	规划成本	37
3.2.4	规划资源	37
3.2.5	规划风险	39
3.2.6	规划其他工作（质量、沟通、采购和干系人）	39
3.3	考虑资源和风险，创建数据和整合范围、进度、成本基准	40
3.3.1	资源管理	43
3.3.2	风险管理	45
3.3.3	范围基准	47
3.3.4	进度基准	48
3.3.5	成本基准	51
3.4	设定绩效测量基准	53
3.4.1	项目预算	54
3.4.2	创建 PMB	56
3.4.3	预算和资金	58
3.5	在敏捷/混合环境中应用 EVM	58
第 4 章	执行和监控	63
4.1	概述	63
4.2	执行	65
4.2.1	系统实施	66
4.2.2	能力与能力开发	66
4.3	收集数据	68
4.3.1	范围数据	69
4.3.2	进度数据	70
4.3.3	成本数据	70
4.4	管理绩效	71
4.4.1	应对偏差	74
4.4.2	预测	84

		4.4.3	在敏捷中运用 EVM 来管理绩效	91
		4.4.4	管理决策	94
	4.5	干系人和沟通的注意事项		95
		4.5.1	报告	96
		4.5.2	其他外部沟通	98
	4.6	整体变更控制		98
		4.6.1	变更请求	99
		4.6.2	变更分析	100
		4.6.3	重新设定基准	102
	4.7	过程改进		103

第 5 章 收尾 105

	5.1	概述	105
	5.2	将 EVM 纳入项目收尾工作	105
	5.3	挣值的知识管理	108

附录 X1 《挣值管理标准》的制定 111

	X1.1	概述	111
	X1.2	目标	111
	X1.3	方法	112
	X1.4	章节内容概述	112
		X1.4.1 第 1 章——引论	112
		X1.4.2 第 2 章——启动	112
		X1.4.3 第 3 章——规划	112
		X1.4.4 第 4 章——执行和监控	113
		X1.4.5 第 5 章——收尾	113

附录 X2 《挣值管理标准》的贡献人员和编审人员 115

	X2.1	《挣值管理标准》核心委员会	115
	X2.2	重大贡献人员	116
	X2.3	审核人员	116
		X2.3.1 SME 审核	116
		X2.3.2 征求意见稿最终审核	116
		X2.3.3 PMI 标准项目集成员顾问小组（SMAG）	118
		X2.3.4 协调机构审核	118
		X2.3.5 协调团队核心团队	119
		X2.3.6 制作人员	119

X2.4　《挣值管理标准》中文版翻译贡献者 119

附录 X3　挣值管理在项目组合和项目集层级的应用 121
X3.1　挣值管理（EVM）在项目组合和项目集层级遵循的原则 121
X3.2　在项目组合和项目集的绩效管理中运用 EVM 122

附录 X4　绩效管理示例 129
X4.1　在智能楼宇的设计和建造过程中通过实施挣值管理来管理绩效 129
X4.2　使用 EVM 启动项目（见第 2 章）... 131
　　X4.2.1　项目名称 131
　　X4.2.2　项目描述 131
　　X4.2.3　项目的目的和理由 131
　　X4.2.4　可测量的项目目标和相关的成功标准 132
　　X4.2.5　高层级的需求 132
X4.3　使用 EVM 规划项目 134
X4.4　使用 EVM 执行和监控项目 138
　　X4.4.1　第 10 周（第 1 年）.. 140
　　X4.4.2　第 25 周（第 1 年）.. 141
　　X4.4.3　第 44 周（第 1 年）.. 143
　　X4.4.4　第 52 周（第 1 年）.. 145
　　X4.4.5　第 10 周（第 2 年）.. 146
X4.5　使用 EVM 关闭项目 146

参考文献 149

参考书目 151

术语表 153

图表目录

图 3-1　挣值规划：过程流向图 28

图 3-2　分摊型投入示例 35

图 3-3　人力投入量示例 36

图 3-4　绩效测量基准（PMB）的创建 41

图 3-5　控制账户的组件 42

图 3-6　责任分配矩阵（RAM）示例 44

图 3-7　项目进度计划展示示例 50

图 3-8　绩效测量基准（PMB）——计划价值（PV） 54

图 3-9　项目预算日志示例 57

图 3-10　整合的项目进度 60

图 4-1　挣值（EV）：执行和监控过程 64

图 4-2　EVM 绩效数据点图示 73

图 4-3　EVM 成本偏差指标图示 75

图 4-4　EVM 进度偏差指标图示 78

图 4-5　EVM 趋势偏差图示 87

图 4-6　EVM 在新目标下的完工尚需绩效指数的示例 88

图 4-7　敏捷 EVM 燃起图 92

图 4-8　变更日志中有关影响基准的变更请求的示例 99

图 4-9	EVM 的过程改进演化	103
图 X4-1	智能楼宇责任分配矩阵（RAM）的示例	135
图 X4-2	智能楼宇项目进度计划	139
图 X4-3	第 44 周的 EVM 图形化数据（第 1 年）	145
表 1-1	项目管理过程组和知识领域［来源：《PMBOK®指南》（第六版）］	6
表 1-2	挣值计算汇总表［来源：《PMBOK®指南》（第六版）］	8
表 3-1	选择测量方法的准则	33
表 3-2	在确定测量方法时需考虑的主要因素	34
表 4-1	EVM 绩效指标公式	81
表 4-2	潜在的偏差原因	83
表 4-3	影响分析及潜在行动措施的示例	84
表 4-4	EVM 指标综述	90
表 4-5	敏捷 EVM 燃起图的详细信息	93
表 4-6	混合型项目综合报告	97
表 5-1	项目收尾活动中的 EVM	106
表 X4-1	资源表	137
表 X4-2	第 10 周的 EVM 数据——智能楼宇概念阶段	141
表 X4-3	第 25 周的 EVM 数据——智能楼宇规划阶段	142
表 X4-4	第 44 周的 EVM 数据（第 1 年）	144
表 X4-5	第 52 周的 EVM 数据（第 1 年）	146
表 X4-6	项目收尾的数据	147

第 1 章

引论

1.1 挣值管理标准的目的

本标准提供了与管理实践一致的挣值管理（Earned Value Management，EVM）视角。本标准较之前的实践指南拓宽了关于规划和交付项目的最佳方法的选择及决策的视角。这进一步提升了项目团队及其干系人调整其规划、管理和交付实施框架的能力。本标准提供了关于在敏捷、混合和预测环境中使用 EVM 的指南。

《PMI 项目管理术语词典》[1] [1] 将 EVM 定义为一种结合了范围、进度和资源来度量项目绩效的方法。挣值管理系统（Earned Value Management System，EVMS）是一套用于管理项目绩效的原则、方法、过程、实践的工具。当 EVM 与《项目管理知识体系指南》（《PMBOK®指南》）[2] 中定义的过程组、知识领域和过程协同使用时，项目经理、整个项目团队和干系人都将能够掌握项目进展，并根据对项目绩效信息的分析和解释深入了解项目未来的绩效。通过更深入地了解绩效、机会、风险和项目成果，使用 EVM 可以改善整体项目交付过程。

本标准是在项目经理、项目团队和干系人作为主要受益人时制定的。本标准的目的是，为项目团队提供信息和指导，以帮助团队增强和改进项目交付过程。

---

1 括号内的数字与本标准后面的参考文献序号相对应。

本标准应遵循以下原则：

- 范围、进度和成本是绩效测量基准（Performance Measurement Baseline，PMB）中三个相互关联的维度。PMB 在《PMI 项目管理术语词典》中被定义为整合的范围、进度和成本基准，用于管理、测量、控制项目执行。

- 传统上，挣值（已完成的工作）是用货币来定义的，但也可以用其他与特定项目相关的单位（时间单位、故事点等）来表达。所选单位将取决于项目的性质和联合发起实体的优先级。

- 无论使用的是预测型方法还是迭代型方法，EVM 的使用都与服务交付和产品开发项目相关。词汇和图形的约定虽然各不相同，但核心原则和含义是一致的，并且可单独应用于不同的开发生命周期。

- 计划的绩效评估和计划偏差的因果分析是 EVM 实施的关键要素，并为纠偏措施的制定提供了信息。

- 基准变更已被正式记录和批准。

- 项目预测是通过对过去绩效的分析，以及对项目环境的监控来实现的。

- 绩效信息用于管理和报告项目绩效。

1.2 标准的结构

本标准涉及在 EVM 环境中的启动、规划、执行、监控和收尾过程组。当项目团队需要一种更结构化的 EVM 方法时，本标准的结构旨在与《PMBOK®指南》的概念和原则相兼容。如有必要，将提供对《PMBOK®指南》的进一步解释，以说明本标准的意图。本标准的其他主要部分为：

第 2 章 启动

第 3 章 规划

第 4 章 执行和监控

第 5 章 收尾

本标准所列的附录包括：

- **附录 X1**《挣值管理标准》的制定
- **附录 X2**《挣值管理标准》的贡献人员和编审人员
- **附录 X3** 挣值管理在项目组合和项目集层级的应用
- **附录 X4** 绩效管理示例

1.3 什么是挣值管理

1.3.1 EVM 概述

为了在整个行业中推广领导力思维和 EVM 的使用，将 PMB 的概念扩展到项目整合管理方法是很有意义的。PMB 是基于时间段的绩效测量基准，该基准包含项目范围、进度和成本信息，用以评估项目绩效。EVM 有助于识别偏离基准的原因，以便制定可能需要的纠偏措施。此外，EVM 还可根据过去的绩效和当前的项目条件为项目成果的估算提供信息。

在成本、进度和范围方面展示项目的状态并对项目进行预测是可行的。我们习惯上将所有状态与基准（包括进度影响）都用财务价值来展现。以时间维度来表示基准是挣得进度（Earned Schedule，ES）的关键因素。同样，在敏捷或混合环境中，通常使用燃尽图和待办事项来反映项目范围方面的进度。

在项目的早期阶段应用挣值分析，并通过增加绩效测量，可提升范围、进度和成本基准的可用性。一旦建立了绩效测量，这将增强干系人在整个项目生命周期中对项目绩效的理解。将实际绩效和价值实现与 PMB 进行比较可以提供：

- 项目当前状态（与基准进行比较）的反馈。
- 展望未来的绩效。

EVM 允许用已取得的进展来衡量一个项目，并能够据此估计可能的结果，以便使用客观数据做出及时和有效的决策。在任何项目阶段的任何时候，挣值分析都将回答以下问题：

- 已应用的资源取得了什么成果？
- 预期的终点在哪里？

1.3.2 EVM 系统视图

从业者通常会在具有利益冲突的复杂环境中参与变革和项目工作。为了让从业者理解这种情况并能够预测行为和绩效趋势，有必要将项目组合、项目集和项目作为系统进行分析。除了单独检查和理解系统的各个部分，从业者还应该分析和理解整个系统。知道系统各个部分（或组件）相互作用的原因和影响是很重要的。换句话说，从业者需要理解系统的相互依赖关系——包括系统组件之间的交互，以及系统组件与其组织环境之间的相互关系。项目经理应（a）充分理解业务和/或用例，（b）将项目绩效与组织战略和环境联系起来，（c）能够将计划传达给团队。

EVM 是项目管理学科最有效的绩效测量和反馈工具之一。挣值（Earned Value，EV）概念涉及一个综合系统中的预算、实际成本（Actual Cost，AC）和实际工作进度，这为未来的项目绩效提供了一个可靠的预测。这一基本原则可扩展至项目组合和项目集。反馈对于成功管理任何项目组合、项目集或项目是至关重要的。及时和有针对性的反馈可使从业者知晓项目交付过程，并能够尽早发现问题。

如果没有计划价值（Planned Value，PV）、AC 和 EV 这些值得信赖的数据输入，EVM 就不太可能成功。为了收集这些输入，从业者应仔细制定范围、预算和进度，然后按照《PMBOK®指南》和《敏捷实践指南》[3] 所描述的那样，在整个项目生命周期中监控项目。简而言之，使用 EVM 的项目应该：

- ◆ 先使用工作分解结构（Work Breakdown Structure，WBS）来确定工作内容和要求。

- ◆ 规划项目以形成 PMB。仔细监控实际工作的进展及与此进度相关的成本，以便获得 EV 和 AC 的数据。

- ◆ 通过整体变更控制来管理项目，这直接影响项目范围、预算、进度和相关的 PMB。当变更管理得当时，PMB 将是一个持续的且可追踪的信息来源，具有高度的完整性，可用于管理和评估项目绩效。

EVM 还强调了成功管理项目所需的其他关键因素，其中包括组织结构、成本汇总方法和管理项目变更的过程。EVM 为组织提供了一个深思熟虑的方法，以整合项目范围、进度和资源。本标准使用术语"项目范围"来表示为交付具有指定特性和功能的产品、服务或结果所执行的工作。EVM 可用于回答对每个项目的成功至关重要的问题，例如：

- ◆ 与计划相比，我们交付的工作是多还是少？
- ◆ 项目在何时完成？
- ◆ 项目可能在何时完成？
- ◆ 我们目前是否超出了预算（或处在预算范围之内）？
- ◆ 剩余的工作可能花费多少？
- ◆ 整个项目可能花费多少？
- ◆ 在项目结束时，项目将超出预算多少（或低于预算多少）？
- ◆ 完成项目需要付出多少努力？
- ◆ 什么导致了重大的成本和/或进度偏差？

EVM 的一个基本概念是，当与合理的基准进行比较时，已完成绩效的情况和趋势可以对项目的未来绩效产生可靠的预测。

1.3.3 EVM 和项目管理

EVM 的实践与《PMBOK®指南》和《敏捷实践指南》所概述的项目管理良好实践相一致。表 1-1 按项目管理过程组和知识领域映射了《PMBOK®指南》中的过程（所述章节编号来自《PMBOK®指南》）。EVM 适用于《PMBOK®指南》中描述的所有项目管理过程组和知识领域，并可用于强化项目管理实践。

作为一种绩效管理方法，EVM 为项目管理过程添加了一些关键实践。这些实践发生在启动、规划、执行和监控过程组中，并与测量、分析、预测和报告项目成本和进度的目标相关。

测量、预测和持续改进项目绩效是支撑 EVM 的基础要求。为合适的 EVMS 投入额外的工作可以带来积极的回报。

表 1-1　项目管理过程组和知识领域　[来源：《PMBOK®指南》（第六版）]

知识领域	项目管理过程组				
	启动过程组	规划过程组	执行过程组	监控过程组	收尾过程组
4.项目整合管理	4.1 制定项目章程	4.2 制订项目管理计划	4.3 指导与管理项目工作 4.4 管理项目知识	4.5 监控项目工作 4.6 实施整体变更控制	4.7 结束项目或阶段
5.项目范围管理		5.1 规划范围管理 5.2 收集需求 5.3 定义范围 5.4 创建 WBS		5.5 确认范围 5.6 控制范围	
6.项目进度管理		6.1 规划进度管理 6.2 定义活动 6.3 排列活动顺序 6.4 估算活动持续时间 6.5 制订进度计划		6.6 控制进度	
7.项目成本管理		7.1 规划成本管理 7.2 估算成本 7.3 制订预算		7.4 控制成本	
8.项目质量管理		8.1 规划质量管理	8.2 管理质量	8.3 控制质量	
9.项目资源管理		9.1 规划资源管理 9.2 估算活动资源	9.3 获取资源 9.4 建设团队 9.5 管理团队	9.6 控制资源	
10.项目沟通管理		10.1 规划沟通管理	10.2 管理沟通	10.3 监督沟通	
11.项目风险管理		11.1 规划风险管理 11.2 识别风险 11.3 实施定性风险分析 11.4 实施定量风险分析 11.5 规划风险应对	11.6 实施风险应对	11.7 监督风险	
12.项目采购管理		12.1 规划采购管理	12.2 实施采购	12.3 控制采购	
13.项目相关方管理	13.1 识别相关方	13.2 规划相关方参与	13.3 管理相关方参与	13.4 监督相关方参与	

EVM 需要准确可靠的信息。与项目 WBS 结合使用的 EVM 绩效测量结果为项目管理决策提供了所需的客观数据和信息。偏差分析指标（绝对值或百分比）和成本/进度效率指数都是很常用的。有了 EVMS，项目团队就可以通过使用 EVM 分析数据和信息来报告、诊断和解释项目过往绩效。项目团队还可以负责预测项目或项目阶段的成果，这需要分析成本、进度和完工时的偏差，以及制定旨在提高绩效的有效干预措施。

在所有基于项目的工作中，为满足组织的特定需求，设计和实施的 EVMS 可能在测量生产力和改进预测方面产生相当大的益处。数十年的研究证明，EVM 原理和实践的应用是项目成功的积极预测因素。对于 EVM 过程不属于合同一部分的项目，从业者可能希望通过创新来优化实施，并着眼于进度、成本和收益。在此类项目中，从业者可以规划符合基本需求的 EVM 过程，同时捕获和处理此类项目的最基本数据。从业者可能发现，在组织内向项目发起人、治理委员会及高级管理层沟通并演示将 EVM 作为主要绩效管理方法的价值是有益的。

1.3.4 主要 EVM 术语和指标

在《PMBOK®指南》中已对 EVM 方法进行了描述，本标准则对 EVM 方法做了进一步阐述。在整个标准中，经常会使用 EVM 特有的术语。本标准所使用的所有 EVM 术语都包含在术语表中。在 EVM 中使用的三个最重要的术语的定义是：

- **挣值（EV）**。EV 是对已完成工作的测量，用该工作的批准预算来表示。EV 可以报告迄今为止的累计工作或某一特定报告期内已完成的工作。

- **计划价值（PV）**。PV 是为计划工作分配的经批准的预算（计划工作的总预算费用）。在任何时间点，PV 被定义为本应该完成的工作。PV 可以报告迄今为止的累计工作或某一特定报告期内的工作。

- **实际成本（AC）**。AC 是在执行活动时所产生的成本。在给定的时间段内，因执行项目活动而实际发生的成本。AC 可以报告迄今为止的累计工作或某一特定报告期内的工作（如现金流或 S 曲线）。

表 1-2 提供了主要的 EVM 术语、相互关系和计算方法。

表1-2 挣值计算汇总表 [来源：《PMBOK®指南》(第六版)]

挣值分析					
缩写	名称	词汇定义	使用方法	公式	结果说明
PV	计划价值	为计划工作分配的经批准的预算	某时间点（通常为数据日期或项目完成日期）计划完成的工作的价值		
EV	挣值	对已完成工作的测量，用该工作的批准预算来表示	某时间点（通常为数据日期）所有已完成工作的计划价值（挣值），与实际成本无关	EV=已完成工作的计划价值之和	
AC	实际成本	在给定时间段内，因执行项目活动而实际发生的成本	某时间点（通常为数据日期）所有已完成工作的实际成本		
BAC	完工预算	为将要执行的工作所建立的全部预算的总和	总计划工作的价值，项目成本基准		
CV	成本偏差	在某个给定时间点，预算亏空或盈余量，表示为挣值与实际成本之差	某时间点（通常为数据日期）已完成工作的价值与同一时间点的实际成本之差	CV = EV - AC	正值=低于计划成本 0=按计划成本 负值=超出计划成本
SV	进度偏差	在某个给定时间点，项目与计划交付日期相比的亏空或盈余量，表示为挣值与计划价值之差	某时间点（通常为数据日期）已完成的工作与同一时间点计划完成的工作之差	SV = EV - PV	正值=比进度计划提前 0=按进度计划进行 负值=比进度计划滞后
VAC	完工偏差	对预算亏空量或盈余量的一种预测，是完工预算与完工估算之差	项目完成时的成本估算差距	VAC= BAC - EAC	正值=低于计划成本 0=按计划成本 负值=超出计划成本
CPI	成本绩效指数	测量预算资源的成本效率的一种指标，表示为挣值与实际成本之比	成本绩效指数（CPI）为1.0意味着项目完全按照预算进行，目前实际完成的工作与成本完全相同。其他值表示已完成工作的成本超出或低于预算的比例	CPI = EV/AC	大于1.0=低于计划成本 等于1.0=按计划成本进行 小于1.0=超出计划成本
SPI	进度绩效指数	测量进度效率的一种指标，表示为挣值与计划价值之比	进度绩效指数（SPI）为1.0意味着项目完全按进度计划进行，目前实际完成的工作与计划完成的工作完全相同。其他值表示计划的工作超出或低于预算成本的比例	SPI=EV/PV	大于1.0=比进度计划提前 等于1.0=按进度计划进行 小于1.0=比进度计划滞后
EAC	完工估算	完成所有工作所需的预期总成本，等于截至目前的实际成本加上完工尚需估算	如果预期项目剩余部分的CPI不变，完工估算（EAC）可利用以下方法进行： 如果未来工作将按计划速度完成，则使用： 如果最初计划不再有效，则使用： 如果CPI和SPI都会影响剩余工作，则使用：	EAC= BAC/CPI EAC = AC +(BAC- EV) EAC=AC+自下而上的ETC EAC= AC +[(BAC - EV)/ (CPI x SPI)]	
ETC	完工尚需估算	完成所有剩余项目工作的预计成本	假设工作继续按计划进行，完成批准的剩余工作的成本可利用以下方法计算： 重新自下而上估算剩余工作	ETC= EAC- AC ETC=重新估算	
TCPI	完工尚需绩效指数	为了实现特定的管理目标，剩余资源的使用必须达到的成本绩效指标，是完成剩余工作所需成本与可用预算之比	为完成计划必须保持的效率	TCPI = (BAC -EV)/(BAC - AC)	大于1.0=难以完成 等于1.0=正好完成 小于1.0=轻易完成
			为完成当前完工估算必须保持的效率	TCPI = (BAC – EV)/(EAC - AC)	大于1.0=难以完成 等于1.0=正好完成 小于1.0=轻易完成

在项目管理实践中，EVM 的扩展包含了 ES 的概念。ES 是对 EVM 理论和实践的延伸。在进度管理中增加了 ES 的内容。本标准的第 3 章和第 4 章均描述了 ES 的概念和用法。

1.4 基本的 EVM 概念

有效的规划需要对假设、需求、约束、范围和可交付物有深刻的理解。在敏捷或混合环境中，可能还包括燃尽图和速率计算。规划包括制订各种项目管理计划，并初步确定如何和何时为特定项目执行 EVM。在规划过程中，必须记录如何评估实际工作进度和 EV。

在规划过程中，重点是在主要干系人之间就项目目标达成一致。此时，需要通过使用 WBS 将项目的范围细化为可执行且可管理的部分，即工作包（Work Packages，WP）。将 WBS 中定义的 WP 与项目成本和进度子系统相结合是一种项目管理实践。WP 可以基于项目组织分解结构（Organizational Breakdown Structure，OBS）和责任分配矩阵（Responsibility Assignment Matrix，RAM）被划分在不同的控制账户（Control Account，CA）下。CA 是一个管理控制点，在其中集成了范围、预算和进度，并与 EV 进行比较以进行绩效测量。

需要将项目工作安排到项目完成之前，包括确定关键的里程碑。项目进度计划显示了关键里程碑和阶段关口的时间安排。它还提供了项目管理计划支持干系人实现项目目标的证据。在不了解资源可用性和约束的情况下，无法执行进度计划。通过渐进明细的迭代过程，在识别资源限制后，持续执行进度计划，以满足项目进度目标。

一旦按逻辑顺序安排了工作并确定了资源，工作范围、进度和成本就会被整合并记录在 PMB 的分阶段预算中。这是用于测量项目绩效的分阶段预算计划。除了常规的项目管理计划，还可根据对范围、进度和成本的考虑，为每个 CA 或 WP 选择和应用 EVM 方法。

在项目执行过程中，EVM 需要记录资源使用情况（人工、材料等）和项目管理计划中每个工作要素内所执行工作的风险应对成本。换句话说，需要以一种允许与 PMB 进行比较的方式（根据 WBS 和日历）来获取实际成本。应在 CA 级别或更低级别收集实际成本。本标准的第 3 章和第 4 章详细说明了整个过程。

在项目监控过程中，EVM 需要对实际工作进展及 EV 进行评估（使用特定于领域和产品的测量、质量控制程序和挣值分析的组合）。使用这些 EV 数据——计划价值（PV）数据（来自 PMB）和实际成本（AC）数据（来自项目成本跟踪系统），项目团队在 CA 级别（或项目 WBS 的任何其他级别）执行挣值分析。此外，该分析还可用于针对任何已发现的问题或风险制订应对计划（预防和纠正），并在完成时对预期项目结果的预测进行更新。而且，从挣值分析中得出的信息也可以添加至项目的经验教训文件。

对于已批准的项目变更，无论是由项目团队外部的干系人［例如，来自项目的变更控制委员会（Change Control Board，CCB）］还是由项目团队自己发起的，都应通过为项目建立的变更控制系统，及时、准确地更新至项目基准。在项目的整个生命周期中，除了在项目初始阶段建立 PMB，还需要持续关注并维护可用的 PMB。维护可用的 PMB 涉及使用项目的配置管理知识存储库。

1.5 项目组合和项目集之间的关系

1.5.1 项目组合和项目集管理领域

项目组合是集项目、项目集、子项目组合和运营为一体以实现战略目标的一个集合。执行项目组合的目的是实现战略目标，为组织增加价值。在项目组合层级上，需要确认并测量增加的价值。为此我们需要提供可靠的指标。项目组合从业者需要明确定义测量单位，即测量项目组合绩效的基准，并应用经过验证的方法进行绩效测量。与整个项目组合的增加价值相关的指标可以附加到有形和无形的业务成果上——数值等于所有项目组合所获收益的总和减去所有项目组合的资源支出。常见的指标之一是，输出所实现的绩效，以及项目组合的组件所产生的收益。

项目组合为组织提供了执行战略的手段。组织战略是通过项目组合中的项目集和项目来执行的。项目集和项目追求变革战略，并产生实现组织战略所需的收益和结果；它们还为组织增加了价值。项目集和项目使组织能够成功地发布并交付选定商业价值的机会。绩效管理贯穿整个管理工作，并显著提高了实现预期商业价值的能力。在所有层级，EVM 都是一个关键的绩效测量方法。

正如本节前面提到的，从业者可以将 EVM 作为项目组合和项目集的绩效测量方法。当项目组合从业者使用 EVM 来测量整个项目组合系统的绩效时，这种方法是非常有效的。在项目组合层级应用 EVM

需要使用 EV 的概念。管理项目组合就是，通过执行与组织战略目标一致的项目组合组件，来最大限度地实现价值交付（而不是在项目级别的范围交付）。

除了为整个项目组合汇总项目组合组件的 EVM 指标，项目组合管理团队还可能决定为项目组合系统创建总体价值实现指标。要创建这些指标，他们需要：

- 确定并获得项目组合委员会的批准，以确定什么是最重要的测量标准。
- 创建真实的测量方法。
- 为要测量的项目组合参数设置一个按时间段划分的基准。
- 定期根据该基准进行测量，以识别偏差。
- 创建绩效指标。在项目组合层级，需要创建不同于项目管理的指标。

项目集被定义为协调管理一组相关的项目、子项目集和项目集活动，以获得单独管理它们所无法获得的收益。开展项目集的主要目的是为发起人组织带来收益。随着可执行的项目集组件开始交付，可以为这些可交付物的收益创建绩效指标。绩效指标（如建立 EVMS）可提高治理和管理层面的决策效率，以便重新确定资源的优先级，重新安排或重新评估资源。应为每个项目集的组件提供绩效指标，从而增强对项目集执行情况的理解，并实现对未来绩效的预测。有关项目组合、项目集、项目和运营管理之间关系的更多信息，见《PMBOK®指南》第 1.2.3 节。

1.5.2 使用 EVM 在整个项目组合、项目集和项目的生命周期中管理绩效

进行商业投资的主要原因是，产生战略竞争优势和增加业务价值。这就要求组织变革的举措（主要针对项目集和项目）与组织战略一致。这种变革举措也可以通过项目组合管理来实现，包括对收益实现进行管理。大多数企业都需要加强其实现收益的实践。需要符合 EVM 原则和实践方式来测量收益实现，以便 EV 的概念可以应用于项目集和项目组合。EVM 的基本原则是，建立一个 PMB 并以此测量进展。要使用 EVM，项目集和项目组合层级的上级部门及管理层都应同意为该项目集或该项目组合建立一个 PMB。

EVM 方法可用来测量范围完成情况，以及成本和进度绩效。可以将 EV 看作测量范围完成情况的术语——项目范围中已完成或已实现的部分。然而，当涉及获得整体组织价值或增加价值时，EV 的原则和概念可能被修改，以处理从项目组合的输出和结果中实现的收益。通过有效的项目组合、项目集和项目管理，收益实现会为整个组织带来价值增值。EVM 是一种出色的方法，可以通过在组织内进行调整和应用，来测量基于收益实现的项目集绩效和基于为组织创造额外价值的项目组合绩效。EVM 原则和概念可用于确定项目组合或项目集绩效，如下所示：

◆ 根据总项目组合组件的绩效指标确定预期产生的项目组合总体实现价值（经济或其他）。

◆ 确定整个系统测量得到的项目组合或项目集的总体实现绩效，而不是每个组件的累计绩效。该指标可成为项目组合额外价值的测量标准和项目集收益实现的测量标准。

EVM 原则和良好的项目管理实践可以以两种不同的方式应用于项目组合和项目集。

◆ **EVM 用于测量每个单独项目集或项目组件的绩效**。这包括每个组件的绩效分析结果。这些结果将被整合和集成，用来在整个项目集或项目组合中制定基于收益的绩效指标。这些绩效分析结果包括整个项目组合或项目集的组件指标。可能需要将权重因素（相对重要性）应用于每个组件和每个结果。

◆ **EVM 用于测量整个项目集或项目组合的整体绩效**。这个概念意味着，制定一个恰当的、符合实际的和按时间段划分的指标，用来设置以收益为中心的基准，并测量该基准的交付和变更。这样的基准应包括项目集管理的总成本、时间和收益。将 EVM 概念应用于项目组合时，EVM 的第三个参数（范围）将变更为收益（或其他）增值。设置一个符合实际的基准，并通过建立监控和预测模型，在可能的情况下解释非线性现象，如组件间相互依赖性、不确定性和突发现象的影响。该模型必须适用于整个项目集或项目组合的生命周期。一旦建立了一个有意义的、符合实际的、可量化的、有形的、按时间阶段划分的模型，并设置了适当的基准，就可以设计并实施基于收益或价值预测的挣值分析、总体指标和恰当的指数。

项目集和项目报告与项目组合绩效管理高度相关。《PMI 职业脉搏®报告》[4] 表明，向高级管理层进行有效的项目组合报告与实现目标呈正相关。从业者应该为所有项目组合组件定义和建立一个通用的交流平台。在适合的时候，应使用相同的指标（通常将 EVM 作为主要方法）来测量和比较所有组件的绩效。应使用这些可以比较的指标对项目组合进行定期审查。这些指标的质量和有效性取决于每个组织的成熟度。绩效管理还允许建立组织例行程序，以确保根据组织战略选择项目和确定优先级。

《项目组合管理标准》[5] 指出，超过一半的项目组合管理效率偏差可以通过单个项目组合组件的因素来解释：单个项目集或项目的目标设定、决策制定及可用信息。其余的偏差可解释为（a）项目组合管理的效率（对项目组合成功实现其战略目标的程度进行预估），（b）各组件的资源分配，（c）实现战略和财务收益或价值最大化。在任何情况下，正确且一致地使用挣值分析对高效的项目组合和项目集管理很有价值。我们可以监控所有组件的单独工作和所有组件团队的共同工作，也可以跟踪和记录整个项目集或项目组合的综合挣值分析结果。

应在所有层级上都保持谨慎，尤其是在项目组合层级。这方面的一个例子是，当 EVM 的数据表明部分可交付物交付了价值，但从业者没有考虑到需要通过完整的可交付物才能实现商业价值。这意味着，在对收益实现情况进行任何评估之前，都需要有完整的可交付物。然而，即使在这种情况下，能够对项目组合组件的进度和产品完整性进行一致的测量也是有好处的。对于某些项目组合组件，这可能是不现实的（例如，产生非线性因果关系的相互依赖性）。在这种情况下，此类 WP 的价值具有相当大的不确定性，EVM 可能还需要测量除产品完整性或已执行活动外的其他内容。在这些条件下，活动是否已完成不那么容易被理解和测量，而基于产品的基准可能更合适。原则上，产品要么已完成且质量已获批准，要么未完成。此外，应汇总 EVM 在项目组合或项目集获得的绩效结果，这可以为战略目标的实现提供现状信息。在本标准的附录 X3 中，我们进一步讨论了 EVM 概念在项目组合和项目集层级的应用。

第 1 章　引论

1.6 应用 EVM 的好处

EVM 的一些好处如下：

◆ **EVM 是一种集成了范围、成本和进度测量的方法**（见第 1.3 节）。它能够尽早发现绩效问题，可用来作为风险监督和控制的工具，可以及时实施纠正措施，并提高整个项目管理过程的效率。

◆ **在项目中，可以通过 EVM 与干系人进行沟通，并让项目团队专注于实现目标**。在过去几十年中，作为绩效管理的良好实践，EVM 的应用在许多国家的公共和私营组织中都有显著增长。EVM 的贡献和收益得到了许多从业者的广泛认可。他们赞赏 EVM 在提供早期预警信号、帮助实现成本目标、改善与干系人的沟通、帮助实现进度目标、改进范围管理和帮助项目取得早期成功方面的贡献。

◆ **EVM 可测量绩效并能够预测项目结果**。当出现显著偏差时，应通过根本原因分析（Root Cause Analysis，RCA）或其他数据分析方法来进行分析，以确定问题的来源，从而确定纠正措施。

◆ **EVM 还支持对绩效问题进行早期预警，从而及时采取纠正或预防措施**。有效的 EVM 在很大程度上依赖于谨慎的范围管理，包括变更控制、准确可靠的预算、对已完成工作和报告期间发生的实际成本的精确、定期测量，以及一个现实的进度计划。否则，进度和成本指标有可能产生误导，并导致非最佳的管理决策和/或不必要的行动方案。EVM 是一个项目管理实践系统，它涵盖从启动到规划、执行、监控和交付的所有阶段。EVM 将这些管理功能协调一致并集成到单个系统中，EVM 要求项目团队在同一测量基础上工作，以便准确、及时和一致地测量项目绩效。

◆ **EVM 对于在任何管理层级（项目组合、项目集或项目）上成功管理所有变更活动都很有用**。只要数据的质量得到监控，EVM 就能基于该数据进行决策。通过测量已分配的组织资源的消耗情况，EVM 可用来可靠地监控投资。该测量通过跟踪完成率和时间变化等数据，以规定的质量来执行项目范围。

- ◆ EVM 允许在项目组合或项目集组件之间进行绩效比较。在任何层级（项目组合、项目集或项目）上的测量都是根据预先定义的基准进行的。当然，基准因测量参数和目标的不同而有所不同。例如，可以使用项目组合完成基准来报告整个项目组合是否（a）交付与整体项目组合一致的总体预期范围，（b）为组织创造预期的价值提升。从业者可以计算绩效指标，这些指标有助于在实施过程中，随时根据相应的基准，监控实际进度结果。例如：

    - 所有已完成工作所消耗的成本。
    - 鉴于所花费的时间，应该完成多少范围。
    - 鉴于已完成的工作，应该花费多少时间。
    - 在给定的时间点，解决时间和/或成本差异的最佳方法是什么？

有越来越多的人意识到，面对当今竞争环境中的挑战，组织应该改变工作方式，不仅要保持与市场的同步，而且要生存下去。例如，敏捷方法可能使用不同的绩效指标来关注绩效，重点关注可持续的稳定速率。项目治理依赖于可靠和定期提交的报告，以在整个项目生命周期跟踪和预测进度及成本绩效。适用于敏捷方法的 EVM 提供了基于任何给定时间内已完成工作的价值的绩效指标，并根据敏捷环境中的过去工作来提供未来进展的预测。

组织的敏捷性不是一个简单的概念。它包括组织自身的不断调整和灵活变化的能力，以适应快速变化的环境。在项目管理中，敏捷是一种适应型方法，采用被称为时间盒的短周期，通常持续 1～4 周。时间盒也被称为迭代或冲刺，用于承担和交付工作、审查结果，并根据需要进行调整。时间盒能够提供来自客户或最终用户对管理方法和可交付物的适用性或可接受性的快速反馈。其关注的重点是实现中间收益，而不是完成活动。

在敏捷术语中，敏捷团队是一个自组织、跨职能的团队，它根据产品负责人对期望功能的需求来生产工作产品和/或可交付物。功能被详细阐述为一些结构化的句子，这被称为用户故事。将功能分解为用户故事对团队很有帮助，因为它是来自客户的声音。通常，在一次迭代中包括多个用户故事，多次迭代构成一个发布版本。

在敏捷环境中仅使用三个基本参数就可以实施 EVM：待办事项、每次完成迭代的速度和成本。对于大多数项目，发布的概念可以帮助人们定义范围和估算 PV。

1.7 成功实施 EVM 的必要条件

拥有支持性的管理文化和知识渊博的团队的组织环境对于成功实施 EVM 至关重要。事业环境因素（Enterprise Environmental Factor，EEF），如高级管理层的支持、项目员工的参与、培训、组织文化和领导力，以及项目管理系统的成熟度，都对成功实施 EVMS 至关重要。支持性的组织环境包括有远见的高级管理团队、可以提供必要的资源和授权，以及知识渊博的项目团队（团队具有积极性且忠于职守）。在项目层级，EVM 可测量输出。当在项目组合层级正确应用时，EVM 可测量整体项目组合绩效，为未来成果提供合理预测，突出潜在风险，并指导当前的纠正措施。

第 1.1 节所述的原则是本标准的基础。这些原则旨在将最佳 EVM 概念和实践纳入高层级的、以结果为导向的指南中，而不是通过强制要求详细的系统实施而过于规定性。它最好在整个项目组合、项目集和项目管理生命周期的系统方法下应用。为了提供持久的应用环境，还应该考虑组织的管理框架对 EVMS 的文化接受度。

EVMS 是一种重要的组织过程资产（Organizational Process Asset，OPA）。在设置单个项目的基准（或项目组合/项目集的单个组件）之前，应该计划整个 EVM 流程，最好是在业务单元层级或更高层级。项目管理办公室（Project Management Office，PMO）可帮助维护此 OPA 并为其提供支持。应开发符合组织实际情况的 EVMS（例如，手动系统；自动化工具；EVMS 与会计、审计、采购、质量管理之间的联系）。EVM 方法可以最好地交付预期的商业收益，确保所有的组织投入和变更都获得持续的投资回报。从业者可以通过对 EVM 和风险管理的联合使用来产生协同收益。EVM 可以通过以往的数据来推断并预测未来的绩效。风险管理可以审视要避免的潜在危险，同时寻求额外的收益。EVM 方法可以为项目管理提供信息，可以强化分析，以进行更符合实际的评估，从而改进决策过程。

第 2 章

启动

启动过程组包括定义一个新项目或现有项目的一个新阶段，并授权开始该项目或阶段的一组过程。启动项目包括制定项目章程，识别所有项目干系人以及他们对及时、准确获得项目范围、成本和进度绩效信息的需求。

2.1 概述

为了有效地规划、执行、监控和收尾项目，应该对项目范围进行清晰的描述和理解。项目章程的编写参考了干系人需求和高层级项目需求、组织过程资产（OPA）、事业环境因素（EEF）和客户协议（如果适用）。项目章程是定义和详细说明项目范围/项目目标的基础。《PMBOK®指南》中的各个过程都会使用范围说明书来全面规划项目。

启动过程的目的是，使干系人的期望与项目目标保持一致，告知干系人项目的范围和目标，并讨论干系人如何参与项目及其相关阶段，从而确保干系人的期望得到满足。

启动过程组正式建立一个新项目或现有项目的一个新阶段，前期未明确指定的项目经理将被委任并授权其将资源应用于项目活动。项目发起人和被授权的项目经理通过生成项目章程来启动项目。项目章程提供了高层级的项目需求，并包括挣值管理系统（EVMS）的潜在应用和裁剪。

启动项目包括识别项目干系人以及他们对及时、准确获得项目范围、成本和进度绩效信息的需求。挣值管理（EVM）在项目中的应用可能有很大差异，具体取决于干系人的要求、项目绩效管理监控要求、法律或合同要求以及组织/客户的报告要求。EVM 的应用还取决于组织文化和组织成熟度。

在决定实施 EVMS 时，应考虑许多因素。项目风险水平和组织的风险承担意愿都可以推动管理方法的使用。根据项目需求、组织要求和环境来定制 EVMS 是项目实施的一个重要考虑因素，它为项目团队和干系人提供有用的数据，为项目执行过程中的决策提供支持。

2.2 关于项目章程的考虑因素

项目章程是由项目外部实体批准的并通常由他们发布的文件。这些实体，如发起人、项目集或项目管理办公室（PMO）、项目组合管理机构主席或授权代表，正式授权项目的存在，并为指定的项目经理提供授权以将资源应用于项目活动。项目章程在执行组织与需求组织或客户之间建立了合作伙伴关系。除了目前在《PMBOK®指南》项目章程中列出的要素，还应考虑以下与 EVM 相关的问题：

- ◆ 是否需要整合的范围、进度和成本测量数据来跟踪项目绩效？
- ◆ 组织或客户是否要求应用 EVM 方法？
- ◆ 项目是否包括部分或所有组件的敏捷交付方法？
- ◆ 项目的复杂性是否会导致增加绩效测量的难度？
- ◆ 已知风险是否会导致加大绩效管理的力度？
- ◆ 融资机构或其他干系人是否需要绩效指标？
- ◆ 在应用 EVM 方法时，是否存在任何限制/假设？
- ◆ 项目是否拥有适应型生命周期，是否需要持续改进绩效管理基准？

当项目经理和干系人将 EVM 方法作为项目规划、执行、监控及收尾的需求时，应将该需求记录在项目章程中。当项目章程不将 EVM 的使用作为需求时，项目经理也可以决定将其作为附加的管理方法。

对于大多数项目，当发起人/项目经理在项目启动期间确定使用 EVM 时，建议项目章程也包括：

- 实施 EVMS 的总体方法（例如，对现有 OPA 进行裁剪）。
- 参与实施 EVMS 的主要干系人及其关键角色和职责。
- 实施 EVMS 可用的预算和其他资源（如果有）。
- EVMS 将解决的管理需求（例如，敏捷交付方法、报告类型、管理问题以及它将产生和交付的数据分析结果）。
- 实施 EVMS 的预期好处（见第 1 章）。

EVMS 可以以各种形式实施，从简单到详细不等，具体取决于项目的性质和类型。在启动过程中，实施和使用 EVMS 所需的复杂程度和努力程度应与项目的重要性和管理的复杂性相称。这种平衡应记录在项目章程中。

在项目章程获得批准后，高层级的需求将被进一步分解和记录。在项目管理计划中，干系人的需求被细化为文档化的项目需求和产品和/或服务需求。项目需求文档应包括将实施 EVM 作为项目管理需求和项目可交付物的考虑因素（见第 3 章）。

2.3 关于干系人的考虑因素

在整个项目过程中，应定期识别干系人，包括分析和记录其利益、参与程度、相互依赖关系、影响力以及对项目成功的潜在影响。EVM 在项目中的应用可能因干系人需求、项目管理绩效监控需求和客户报告需求的不同而产生差异。

干系人参与策略旨在让项目干系人通过参与项目取得成功。为了增加对项目的支持，应在干系人参与策略中引入每位干系人对项目感兴趣的领域、类型和影响程度，并将其作为第 1.4 节所述的项目管理计划的一部分。

干系人应将实施 EVM 视为一个有益的、增强的绩效管理框架。干系人和项目团队应评估在其项目中实施 EVM 的成本/收益。吸引干系人参与的一些策略有：

- 定期与所有干系人召开项目状态会议。
- 使用整体里程碑计划来推动会议。
- 将 EV 的具体指标映射到干系人所关注的领域。
- 审查问题、风险和里程碑。
- 向所有干系人发送会议摘要、状态、进度百分比、问题、行动计划、建议、变更请求和绩效摘要。
- 如果可以，邀请所有项目干系人进行敏捷评审、演示和回顾。

EVM 为干系人提供了有用的管理信息，以及有关项目范围/成本/时间绩效的关键信息。干系人应当注意不要将 EVMS 视为一种会计工具。EVMS 可以链接到账户规划信息和实际数据，但不应被视为一种会计工具。应注意，不要因其他系统（如会计、材料管理、合同管理等）的过多规则而使 EVMS 负担过重。EVM 是一种管理工具，旨在为实时和前瞻性的决策提供支持，而非回溯性会计工具。所需项目状态信息的层级和类型可能因干系人的不同而异。客户、项目发起人或高级管理人员可能只需要一份概要级别的重点内容报告——表明项目是否按时完成并在预算范围内。相比之下，项目经理需要更多的细节，以便在管理项目绩效时做出及时有效的决策。

为提供 EVM 分析数据和信息，已经逐渐形成了几种报告方法。这些方法旨在满足不同的干系人需求，应在项目启动过程中得到确定，并被记录在项目章程和稍后的项目管理计划中。可以在给定项目中使用其中几种方法来满足不同干系人的需求。在第 4 章中，给出了报告方法的进一步描述。

EVMS 会生成大量及时、可靠且对管理层决策有用的数据和指标。其主要目标是，向所有项目干系人提供信息，包括项目团队成员和项目外的干系人。这些信息可用于监控项目状态，理解发生变化的原因，做出决策，以及与他人沟通项目绩效。同时，这些信息还可用于调整预期，并就项目的最佳选择达成共识。这些信息不仅包括当前的项目条件和过去的绩效，还包括对未来绩效趋势和假设情景的预测，这些在项目管理决策中都是最有价值和最关键的。

2.4 确定 EVM 系统（EVMS）的适用性

2.4.1 介绍

EVM 系统（EVMS）是一个由原则、方法和过程组成的系统，它整合了工具和人员，以评估项目组合、项目集或项目管理的绩效，如第 1 章所述。裁剪 EVMS 以满足干系人的需求是项目启动时的一个重点考虑的因素。EVM 可以是《PMBOK®指南》中的过程与 EV 技术的简单集成，也可以是在系统内使用的增强的、规范的框架，用于管理将范围、成本和进度基准与既定的绩效测量标准相结合的项目。EVMS 通常与其他组织需求集成在一起，并被描述为企业级管理框架 EVMS。它还描述了要在项目中实施的流程、实践、技术、过程、规则和工具。项目团队也可以考虑通过精益原则来裁剪框架以满足项目和干系人的需求。

在组织的 EVMS 中，通常将 EEF（如组织文化和治理、信息技术工具、法律限制、客户需求等）编入系统描述中。其他程序也会被合并为 OPA，它们通常在一组项目管理过程/系统中实施。在分析 EEF 后，项目团队通常可以根据项目的需要来裁剪组织的 EVMS。并不是在一个项目中实施所有 EVMS 元素，才能使 EVM 成为有效的管理工具，因为实施可以很简单，也可以很复杂。

2.4.2 实施 EVMS 的考虑因素

在项目启动期间，将决定是否将 EVMS 用于项目，如果回答是肯定的，请决定在多大程度上使用 EVMS。EVMS 包括额外的工作，包括过程的开发、干系人角色和职责的定义，以及提供支持的 IT 基础设施。EVMS 的实施作为可交付物成为项目范围的一部分，并被纳入项目管理计划和 WBS 范围描述/词典。另外，还可将 EVMS 的实施视为与当前项目相关的单独项目。

在项目启动期间，评估公司内其他职能部门/组织使用 EVMS 的额外收益/考虑因素是很重要的，包括：

- ◆ 该项目是否被认为是一个复杂的/高风险项目？
- ◆ EVM 是由发起人或公司政策强制执行的，还是由项目/项目集/项目组合经理发起的改进行动？
- ◆ 向干系人进行准确、及时和可靠的汇报是否是一个关键的成功因素？

在考虑了 EEF 和/或 OPA 而决定实施 EVMS 时，需要考虑的其他问题是：

- 你能否为项目状态提供可靠的数据？
- 如果使用 EVM，那么要应用 EVM 的组织有多成熟？
- 是在组织中的所有项目中使用，还是仅在某些领域中使用？
- 各级别的人员是否都理解 EVM 的概念？
- 你的组织通常使用 EVM 吗？如果没有，是什么阻碍了 EVM 的使用？
- 组织的项目治理模式是否已经纳入了 EVM？
- 是否为组织使用 EVM 定义了手册或软件方法？
- 是否有主题专家（SME）来协助开发和使用 EVM？
- 合同（如果适用）是否要求使用 EVM？
- 在组织中，是否执行了 EVM 的计划、策略或程序？
- 在组织的知识管理数据库/知识库中是否有与 EVM 相关的经验教训？
- 是否有来自企业 PMO 的关于 EVM 的指令要求？
- 组织是否使用了项目管理信息系统（PMIS）？
- 是否有模板可以帮助人们使用 EVM？
- 发起人和其他主要干系人是否了解 EVM？
- 会计人员是否了解 EVM？
- 如果在你的项目中没有用于实施 EVM 的 OPA，是否有足够的资源和预算来开发实施 EVM 所需的项目过程？
- 如果不用 EVM 管理项目绩效，那么项目经理和项目团队将使用什么来管理项目绩效？
- 是否存在项目的限制因素（进度、成本、范围、质量、收益和/或风险），从而影响使用 EVM 的决定？
- EEF 和 OPA 是否包括为敏捷/混合组件裁剪的方法？

- 合作伙伴组织和分包商是否准备好系统地提供 EVM 所需的数据？
- 融资机构和其他干系人对绩效报告有何要求？

不必将一组 OPA 合并到 EVMS 的描述中。但当组织打算在其项目组合中系统地实施 EVM 时，这个合并可能是有利的。要使用的 EVMS 应在项目管理计划中得到描述，如第 3.2 节所述。在规划 EVMS 时需要考虑的具体需求包括：

- 如果适用，需要与流程负责人协调以裁剪现有组织的 EVMS（OPA）。
- 裁剪/连接组织和/或客户的 PMIS。
- 索引、阈值、文档和报告的标准化。

项目管理计划应说明项目将在多大程度上使用 OPA 和 EEF，以及系统对整体管理方法的影响。虽然其他项目管理知识领域或支持活动可能由专家管理，但整合管理的责任不应被委派或转移。项目经理对项目的执行负最终责任，并应负责项目 EVM 框架的设计和实现。管理工具旨在帮助管理者在不取消问责制的情况下做出更好的决策。

2.4.3 EVM 的裁剪

一旦建立了 EVM，就可以根据复杂性、风险和本节概述的其他因素对其进行裁剪以用于项目。EVMS 和 OPA 的使用应根据干系人的需求、项目风险、项目资金、项目重要性、复杂性和其他考虑因素进行裁剪。在决定是否在项目中实施 EVM 时，干系人和项目团队应提供意见。裁剪 EVM 的示例包括：

- 定义和跟踪基准中的各项内容，如未分配的预算和授权的未定价工作。
- 仅在不同层级或在工作分解结构（WBS）的指定层级上报告偏差。
- 针对不同的阈值报告偏差。
- 仅在某些特定的范围组件上使用 EVM。
- 修改供应商和承包商的参与程度。

- 利用现有数据源（如财务系统、项目管理系统和时间跟踪系统）的可用信息。
- 采用结构化的治理方法来满足组织的目标，同时又足够灵活，以实施敏捷/混合项目。

裁剪 EVM 方法的决策应在启动阶段完成，在规划阶段之前的项目章程中进行描述（见第 3 章），并在规划阶段最终确定。

2.4.4 EVMS 的部署

组织范围的 EVMS 的部署可以被视为一个具有完整项目属性的单独项目。随着这个特定项目的发展，它可能成为一个子项目或其范围组件。为了取得成功，应在项目管理过程中管理 EVMS 的部署。请考虑以下几个领域。

- 组织应决定是否：
    - 将额外的挣值框架需求混合到现有的过程文档中。
    - 编写全新的独立过程文档，或者构建两者的组合。
- 由于 EVMS 是一个分布式的、协作式的、包容性的（集成的）管理系统，所有项目管理人员和决策者都应通过有效的培训和指导来理解和接受其原则。
- 应由项目治理委员会对 EVM 的使用提供资助。
- 大多数商用项目管理软件都包含一个 EV 模块，其范围、成本和进度数据的收集层级各不相同。根据系统之间的数据流向，我们应将新的绩效管理工具与组织内当前的基础设施进行整合。
- 高层级的需求应该：
    - 包括项目复杂性和干系人需求的分析。
    - 包括用于跨团队管理项目集和项目风险的治理结构（组织系统）。
    - 确保治理结构的裁剪符合项目需求，包括干系人需求。

在规划和实施过程中应处理上述各领域的问题。每个问题项的处理程度完全基于系统的有效裁剪，以适应每个组织和项目的具体绩效管理环境和目标。从项目一开始，在启动和规划期间，就应注意根据具体情况调整 EVM 的需求。之后，在项目执行期间，在部署和使用系统时，应验证功能和收益可否持续。在整个项目期间，项目团队应积极进行 EVMS 的持续改进（见第 4.7 节）。在收尾期间，如第 5 章所述，将进行经验教训总结和知识管理活动，以确保为后续项目阶段和未来项目改进 EVMS。

一旦实施了 EVM，就可以使用与范围、进度和成本相关的信息，来进行项目绩效分析。这为领导层提供了有效、及时的预测和反馈，以指导项目组合、项目集和项目的管理决策，从而取得成功。

第 3 章

规划

规划过程组包括明确项目的全部范围、定义和细化目标，以及为实现目标制定行动方案的一组过程。

3.1 概述

规划过程组是执行项目和实施 EVM 的关键。EVM 是一种整合的方法论，因此它需要一种更强大的项目管理方法。在使用 EVM 时，项目团队应在项目生命周期的早期，花时间来规划方法论以管理绩效。当团队执行项目时，可能需要返回到规划过程：(a) 在整个项目生命周期中，运用滚动式规划的方法持续规划，(b) 按照当前的计划，并依据已变更的基准做出决策，继续执行项目。允许规范地使用 EVM 是非常重要的，它有助于项目团队主动管理项目以获得更好的成果。

在项目早期实施前瞻性规划和改善性规划是从 EVM 中获得价值的关键，可以通过运用以往的绩效和修订后的完工尚需估算（ETC）[1]来调整未来的计划（见第 4 章）。

成功的 EVM 依赖于项目管理的基础。因此，本标准假设，与《PMBOK®指南》保持一致，以整合的方式使用规划过程组的各个过程，以更高的规范水平反映项目团队和其他干系人的愿望。本章概述了 EVM 的实施会如何影响各个规划过程。在大多数情况下，EVM 不会对规划过程增加需求，但需要对其进行整合。

EVM 的裁剪及有关实施 EVM 的任何其他额外需求，都已在启动过程中被捕获且被记录在已签署的项目章程中（见第 2 章）。

---

[1] 预测方法也使用了同样的原则，该方法主要用于大型项目集和大型项目的规划。

3.1.1 规划使用 EVM 的项目

在使用 EVM 规划一个项目时，规划过程组最好遵循如下步骤：制订计划、创建数据和整合基准，以及设定绩效测量基准（PMB）（见图3-1）。根据第1章提到的 EVM 原则，在使用 EVM 时，需要实施规范的项目管理方法，并更加注重整合。如第2.1节所述，与项目中使用的任何特定挣值管理系统（EVMS）相比，事业环境因素（EEF）和组织过程资产（OPA）更能决定规范和整合的程度。

本章的其余部分涉及以下规划过程组的活动：

- 制订项目管理计划（第3.2节）。
- 考虑资源和风险，创建数据和整合范围、进度、成本基准（第3.3节）。
- 设定绩效测量基准（第3.4节）。
- 在敏捷/混合环境中应用 EVM（第3.5节）。

图3-1 描绘了在实施 EVM 时，规划过程组的过程流向图。图中括号内的数字代表《PMBOK®指南》（第六版）中的具体节号。

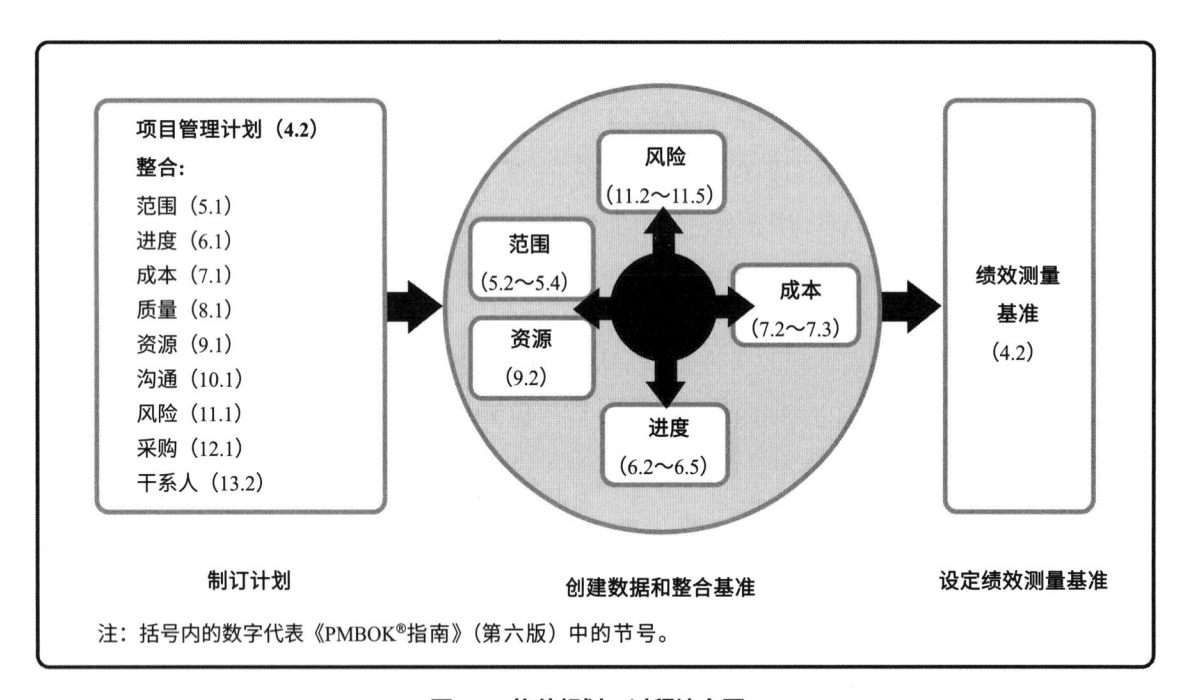

图 3-1 挣值规划：过程流向图

3.1.2 规划 EVM 时需要考虑的因素

对于使用 EVM 的决策，无论是在项目启动过程中做出的，还是在组织和筹备生命周期阶段时做出的，在规划时需要考虑的几个因素都是项目成功实施 EVM 的关键。通常，在项目启动期间制定项目章程（见第 2 章），并与项目干系人讨论"把 EVM 作为绩效管理方法"是否对项目有益。然而，项目团队也可以判定使用 EVM 是否有益于项目，以及应该在多大程度上使用该方法。无论是否需要，项目团队都应确定 EVM 是否能为项目管理方法增加价值，就像决定要实施《PMBOK®指南》中的哪些过程一样。根据项目的不同需要，过程之间的交互和相互依赖的数量会有所不同。

规划过程通常属于如下三类之一：

- **只执行一次或在项目的预定时点执行的过程。**规划采购管理的过程可以在项目规划期间的预定时点执行，且不重复执行。
- **根据需要定期执行的过程。**获取资源的过程是随着项目的进展和资源需求的变更而执行的。
- **在整个项目期间持续执行的过程。**定义活动的过程可能贯穿整个项目生命周期，尤其是当项目使用滚动式规划或适应型开发方法时。

对于 EVM，所有这三类过程都会发挥作用。当项目使用滚动式规划时，会更加频繁地定期或持续运用这些过程。EVM 不需要新的知识领域或超出《PMBOK®指南》的具体过程，但它确实需要提高整合和规范的水平，此外，还需要扩展一些项目过程［如挣值（EV）技术、分时间段的预算］。使用滚动式规划的方法是有好处的，可以降低必须预先将所有范围、成本和进度基准与 EV 技术进行整合所造成的影响。

成功使用 EVM 的关键是拥有精心设计的工作分解结构（WBS），其中 WBS 包含了清晰的结构，并可用于定义控制账户（CA）、工作包（WP）和活动。根据《PMBOK®指南》，CA 是一个管理控制点，在该控制点上，把范围、预算和进度加以整合，并与 EV 进行比较，以测量绩效。CA 拥有一个或多个工作包和/或规划包，但每个工作包只属于一个 CA。范围通过 CA 和 WP 被分解为组件。对于 EVM，这种层级结构——WBS 和组织分解结构（OBS）的细分——将成为关键的管理控制点，在这些控制点上，整合范围、预算和进度，设定基准并对比绩效测量指标。理解 CA／WP 细分的逻辑/模式是一项跨知识领域的关键规划活动，因为 CA 和 WP 是知识领域过程的整合点。

并非所有的 CA 都必须应用 EV，因为在项目级别上，EVM 的使用是一个可以"变通"的决策。对于一个（或一组）低风险的 CA，如果在外购时采用固定总价合同，可以将其排除在 PMB 外。在规划期间，团队需要根据项目的 CA 来决定在何种程度上应用 EVM。

3.2 制订项目管理计划

制订项目管理计划是定义、准备和协调项目计划的所有组成部分，以及把它们整合为一份综合项目管理计划的过程（见《PMBOK®指南》第 4.2 节）。在规划 EVM 时，应遵循相同的过程，同时也应遵循第 1 章简要介绍的 EVM 原则。这些原则驱动了一项重要需求，即通过规范和整合的手段，运用 EVM 技术（见第 3.2.2.2 节）来实施绩效管理并监控项目。

《PMBOK®指南》（见第 4.2.3.1 节）指出，项目管理计划整合了所有子计划和基准，以及有助于管理项目的其他重要信息。在使用 EVM 方法论时，一份综合的项目管理计划应该通过运用《PMBOK®指南》所描述的 18 个项目管理计划中的每个组件来解决 EVM 的具体需求。这些组件包括：

- ◆ 子计划。当在项目中应用 EVM 时，这 10 个子计划也需要得到妥善处理。项目管理子计划包括：
    - 范围管理计划。
    - 需求管理计划。
    - 进度管理计划。
    - 成本管理计划。
    - 质量管理计划。
    - 资源管理计划。
    - 沟通管理计划。
    - 风险管理计划。
    - 采购管理计划。
    - 干系人参与计划。

- **基准**。在被整合至 PMB 时，需要处理 3 个基准，它们是：
  - 范围基准（见《PMBOK®指南》的第 5.4.3.1 节）。
  - 进度基准（见《PMBOK®指南》的第 6.5.3.1 节）。
  - 成本基准（见《PMBOK®指南》的第 7.3.3.1 节）。
- **其他组件**。在实施 EVM 时，有 5 个组件需要得到妥善处理（针对 PMB），它们是：
  - 变更管理计划。
  - 配置管理计划。
  - 项目生命周期描述。
  - 开发方法。
  - 管理审查。

请注意，在定义组织如何实施 EVM 时，如果现有 OPA 未涵盖以上内容，可能需要与其他执行团队或项目外的发起组织达成协议，以定义 EVM 所需要的信息流。

3.2.1 规划范围

在规划 EVM 时需要考虑的特定需求有：

- **通用部分**。会使用《PMBOK®指南》中项目范围管理的所有过程。
- **工作分解结构（WBS）**。WBS 是关键。作为独立结构，WBS 将范围、进度和成本基准整合到同一层级。WBS 可将项目团队执行的工作范围进行分解，WBS 词典会定义每个 WBS 组件的工作范围。
- **控制账户（CA）**。一个管理控制点，在该控制点上，将范围、预算、实际成本和进度加以整合，并与挣值进行比较，以测量绩效。CA 包括工作包和规划包。
- **工作包（WP）**。WBS 最下层所定义的工作，在 WP 层级，要进行成本和持续时间的估算及管理。WP 通常都有一个标识号。这些标识号为成本、进度和资源信息的逐层汇总提供了层级结构，构成了账户编码。每个 WP 都是控制账户的一部分。
- **规划包**。在 CA 层级下的 WBS 组件中定义的工作，可以在该层级估算成本和持续时间，但它尚未被细分，无法测量具体的成本和持续时间。

3.2.2 规划进度

《PMBOK®指南》的所有项目进度管理过程都能在 EVM 中使用，此外，还增加了要采用的绩效管理规则。请注意，在第 3.2.2.2 节，将对这些管理规则进行阐述。

3.2.2.1 规划进度的考虑因素

在规划进度时要额外考虑的因素有：

- 通过规划所需的总工作量来设定绩效测量基准。在项目开始时，无须对整个项目进行详细的规划。可以将未来的工作放在 CA 下，在未来的某个时点用滚动式规划来规划细节。在使用滚动式规划方法时，可以制订滚动式计划，使滚动周期与项目里程碑保持一致。然后，通过使用最初的规划包和与 CA 一致的汇总级进度活动来计划未来项目里程碑之间的工作。在适用的滚动周期内，以及在开始执行工作前，再详细进行规划。
  滚动式规划是一种交互式规划技术，即详细规划近期要完成的工作，同时在较高层级上粗略规划远期工作。项目团队通常会等待，直到项目组件或子组件被定义且其需求被批准。在完成定义和得到批准后，项目团队开始详细规划该部分的 WBS/CA。滚动式规划允许在可管理的时间间隔内实现更高层级的整合。请注意，对于未能在 WP 层级详细规划的 CA，其未来的工作将被包含在规划包中。规划包不需要纳入 EV 技术，但需要在工作开始前被进一步分解为 WP。这一步通常由项目团队在为下一个滚动周期进行详细规划时完成，但也可以在工作开始前完成，以便将规划包转换为 WP。项目团队也应遵循既定的程序（组织过程资产）来开展此项工作。

- 为支持 EVM 的实施，应定义项目的具体规则，如准确度、计量单位（小时、天和周）、控制临界值、报告格式等。

- 制定与范围和成本计划相一致的绩效测量规则（见第 3.2.2.1 节和第 3.2.3 节）。

- 制定估算持续时间和进度计划的规则，包括详细程度（基于估算）以及在进度计划中纳入和/或描述风险及不确定性的方法。

- 解决项目管理信息系统（PMIS）中的整合进度软件的问题。

3.2.2.2 绩效测量标准的规则

确定测量方法、技术或标准，以用于对 WP 内的各活动类型进行进度评估。在规划过程中，项目经理和 CA 的管理人员应确定每个 CA 的范围完成情况的测量方法。通常，可以在工作包层级对范围进行测量，也可以在活动层级进行测量。

EV 可基于公式测量已完成的工作，同时也会考虑，在特定时点上，该工作的预算、实际成本或其他计量单位。绩效测量方法是在开始工作之前的项目规划过程中选定的，是在项目执行过程中测量绩效的基础。在本标准中，所有成本均以美元表示。

组织可能有明确的选定测量方法的指南或流程。指南应包括方法选择、测量精度、测量周期、测量单位、数据收集和报告。选定的绩效测量方法不当可能导致对项目状态的误解，进而引发非建设性或无效的管理行为。

选定绩效测量方法的主要目标是，对项目工作、进度和成本状态进行最客观、最准确和最及时的评估。每个 WP 都有其各自的特点；因此，测量项目进展的最佳方式并非只有一种。为了适应不同类型的工作，有几种公认的方法来测量工作绩效。EV 方法通常被指派并应用于 WP 的活动层级。

工作类型可以分为三类：（a）分立型投入（例如，可测量的工作），（b）分摊型投入（例如，可测量工作的辅助性工作），（c）人力投入量（LOE）（例如，不可测量的工作）。每个类型的工作都有一种或多种可用的测量方法，而每种测量方法都有自己独有的特征，这些特征决定了测量方法如何在工作中运用。确定测量方法的主要驱动因素是工作的持续时间和可交付物的有形性。表 3-1 给出了选择合适类型的测量方法的准则。表 3-2 提供了在确定测量方法时需考虑的主要因素。

附录 X4 对本章的示例进行了扩展。

表 3-1 选择测量方法的准则

工作/任务的类型		特点	
		实物化 （可以测量）	无形的 （不可测量）
持续时间	短 （1~2 个阶段）	固定公式法 分摊型投入	人力投入量
	长 （超过 2 个阶段）	加权里程碑法 完工百分比法 物理测量法	

表 3-2 在确定测量方法时需考虑的主要因素

测量方法		在确定测量方法时需考虑的主要因素
分立型投入	固定公式法	50/50、25/75、1/40/60 等，在使用这些方法时，只要工作一开始，EV 就被记为特定的百分比。（25/75 表示，只要工作一开始，EV 就被记为完成了 25%，在完工时剩余的 75%才会被记入。）请注意，项目的真实进展是不可见的，这种方法会给人一种虚假的成就感。该测量方法只适用于跨越 2～3 个报告期的项目
		在 0/100 的方法中，工作增量不会被记入 EV；因此，工作的开始没有被明确报告。该测量方法只适用于进度开始和进度结束都处在一个报告期内的工作
	加权里程碑法	在测量周期内有一个或多个里程碑。每个里程碑都有一个与之相关的客观的、可验证的成果。通过对里程碑加权来反映其相对于整体的完成度
	完工百分比法	需要估算 BAC 在每个测量点的完工百分比。应该有与完工百分比相关的可测量的标准，否则该方法可能是主观的和不准确的
	物理测量法	项目工作包中的工作进展的评估与其物理特性有关。而测试、测量程序和/或规范应该是明确的，并需要事先对其达成一致
分摊型投入		要使用分摊型投入，项目经理应该拥有实用的知识和经过验证的绩效记录，以确定与分立型投入的工作包相关的分摊型投入的百分比
人力投入量		人力投入量（LOE）可能被滥用，这会扭曲项目的真实进展，因为在每个报告期内，无论实际完成了多少工作，LOE 的 PV 都等于 EV（永远不存在进度偏差）

◆ **分立型投入**。分立型投入是一种可测量的活动，能够被规划和测量，并会产出特定的输出。分立型投入与具体的最终产品或服务直接相关，具有明显的和可测量的点。示例包括为桥墩浇筑混凝土或编写用户手册。

对于列入分立型投入的 WP，可用的测量方法主要有四种。分立型投入使用的测量方法能准确测量已完成的工作。以合理的精度来测量输出是十分关键的。鉴于工作的内在性质，也可以使用其他测量方法。四种主要的分立型投入测量方法为：

- 固定公式法。
- 加权里程碑法。
- 完工百分比法。
- 物理测量法。

◆ **分摊型投入**。分摊型投入适用于与分立型投入有直接关系和支持关系的工作。支持类任务的价值是根据供参考的基础活动的 EV 来确定的。分摊型投入可以包括诸如质量保证、检查和测试活动的工作。分摊型投入可用供参考的分立型投入的百分比来估算。当有充足的绩效记录且了解分摊型投入和分立型投入之间的相互关系时，就可以使用分立型投入的百分比进行分配。图 3-2 中，第 2 个测量点的分立型投入是 5200 美元。分摊型投入是分立型投入的 10%。因此，第 2 个测量点的分摊价值为 5200 美元的 10%，即 520 美元。当第 2 个测量点结束时，实际完成的分立型投入为 7800 美元；因此，第 2 个测量点的分摊 EV 是 7800 美元的 10%，即 780 美元。

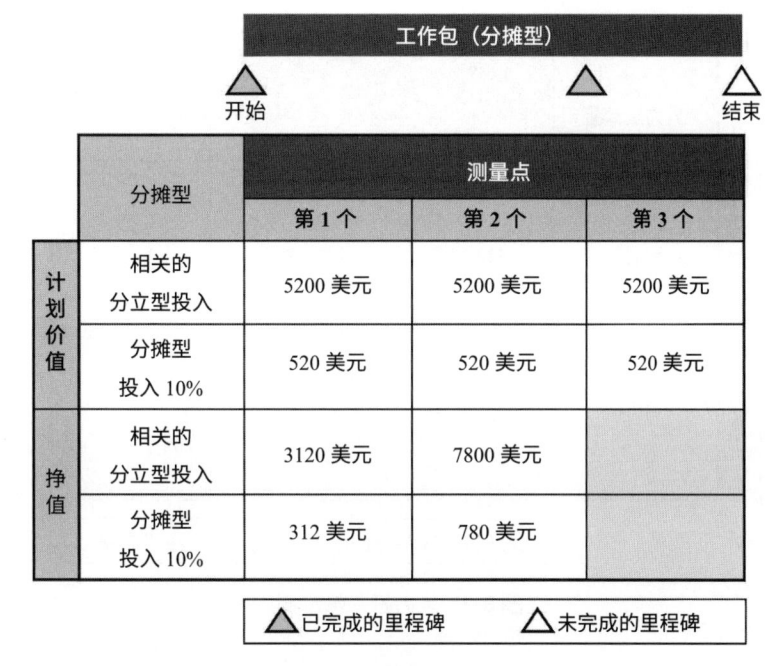

	分摊型	测量点		
		第1个	第2个	第3个
计划价值	相关的分立型投入	5200 美元	5200 美元	5200 美元
	分摊型投入 10%	520 美元	520 美元	520 美元
挣值	相关的分立型投入	3120 美元	7800 美元	
	分摊型投入 10%	312 美元	780 美元	

▲ 已完成的里程碑　△ 未完成的里程碑

图 3-2　分摊型投入示例

◆ **人力投入量**。人力投入量（LOE）活动应保持在最低水平，因为该方法无法提供进度绩效的测量。在很多情况下，在分摊型投入的活动中使用传统的 LOE 来测量活动效果更佳。LOE 只适用于不直接产生可交付的或可客观测量的最终产品的工作。使用 LOE 意味着，EV 是基于时间的流逝和项目资源的消耗而被测量出来的。它不一定以一段时间内统一的工作速率为特征。在每个测量周期内，每个 LOE 工作包都被分配了一个计划价值（PV）。在测量周期结束时，该 PV 被记为 EV。EV 与 PV 一致，这意味着 LOE 活动没有进度偏差。但有可能存在成本偏差（CV），因为实际成本（AC）通常不与 EV 完全相同。同样重要的是，需要注意到，在缺失 AC 的情况下，LOE 活动能得到 EV。这可能是在已经规划了工作、得到了 EV，但实际上什么工作都没做（因此也没有成本）时发生。在这种情况下，LOE 不是首选的方法，应该限制使用 LOE 或根本不用 LOE。

利用与图 3-2 相同的工作包，图 3-3 显示了在所有测量点上 EV 等于 PV 的情形。这限制了该测量方法从存在问题的活动中获得绩效测量的洞察。

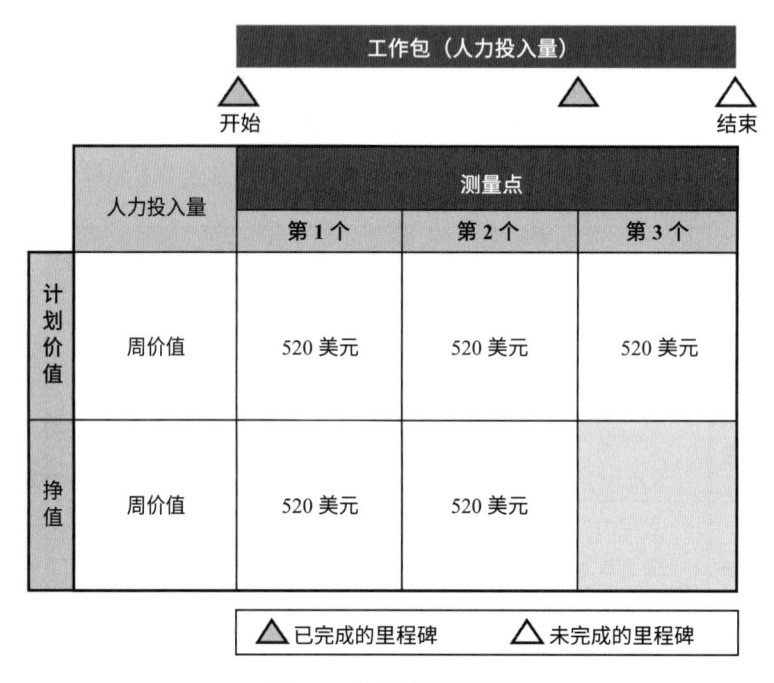

	人力投入量	测量点		
		第 1 个	第 2 个	第 3 个
计划价值	周价值	520 美元	520 美元	520 美元
挣值	周价值	520 美元	520 美元	

▲ 已完成的里程碑　△ 未完成的里程碑

图 3-3　人力投入量示例

3.2.3　规划成本

在规划成本的过程中：

◆ EVM 会使用《PMBOK®指南》中规划项目成本管理的所有过程。

◆ 在规划期间，项目团队规定要使用哪种绩效测量方法，包括将要监督的以某种计量单位表示的价值（通常为成本）。在常规情况下，这是以某种货币为单位（如美元、欧元、日元）且按时间段表示的预算，也可以用其他数据测量，如小时。

◆ 项目团队采用的估算成本的规则包括了不同层级的估算详细程度。这决定了在估算时有多少详细内容被获取。使用何种测量方法是非常重要的。在成本估算中，制定和获取的详细内容应支持测量计划。成本估算结果及其原理通常应记录在名为估算基础的文件中。

◆ 项目管理计划和程序提供了关于如何将风险/不确定性纳入估算，以及如何在储备（无论是管理储备还是应急储备）中进行描述的标准。通常，EEF 和 OPA 对如何将风险纳入进度和成本基准提供了具体的指导。

◆ 此外，项目团队应以与进度工作相同的方式对成本进行时间段的划分。

3.2.4　规划资源

在规划资源的阶段，识别和规划所需的适当资源至关重要。在项目执行期间，这些资源的可用性同样重要，应确保所收集数据的及时性和质量。

◆ EVM 会使用《PMBOK®指南》中规划项目资源管理的所有过程。

◆ 项目团队确定管理控制点的标准，即 CA 的标准。

◆ 项目团队制定责任分配矩阵（RAM），用来跟踪负责 WBS（范围）的组织（OBS），其中 EVM 方法下的所有工作范围和资源或成本都要能映射到 CA（见第 3.3.1 节）。在编制 RAM 之前，应先制定以下结构：

- 应将 WBS 分解到管理工作的最下层。无须对某些 WBS 组件做进一步的分解，如正在采购或外购的子系统。对于在其他子系统级别上的 WBS 组件，可能需要对其设计并进一步分解，以便对其进行管理。
- 应将 OBS 结构（组织单元、跨职能团队或其他结构）分解到管理工作的最下层。

3.2.4.1 规划资源的考虑因素

为了整合范围、进度和各个基准，在建立一个通用的整合结构之前需要考虑如下几个因素：

- **责任分配矩阵（RAM）**。一个显示为每个工作包分配项目资源的表格。RAM 展示了 WBS 中的工作和 OBS 中的资源的整合，目的是将项目范围分配给一个人或一个团队。RAM 划定了控制和责任的层级，并指明了项目的权力和责任级别。OBS 和 WBS 的交叉点通常是 CA。在 CA 中，对成功交付范围、进度和预算负有最终责任的人通常被称为 CA 经理。第 3.3.1 节将进一步描述 RAM。

- **CA 结构**。一个 CA 与 WBS 结构内的某个层级路径相关联，通常与一个 OBS 元素相关联。允许多个组织（通常称为执行组织）作为一个团队来执行 CA 内的范围，但管理的最终责任通常只属于一个组织（负责组织）。

- **详细程度**。项目经理应考虑项目所适合的详细程度。还应认识到范围分解层级过高或过低的风险。层级过高，CA 的规模（在预算、进度和/或范围方面）可能使 CA 经理不堪重负。层级过低，CA 的绝对数量会分散注意力，更有可能不利于在 CA 的范围内成功完成工作。此外，降低 CA 的层级会增加管理监督的数量、干系人所需的干预以及监控过程和实践的成本。详细程度在管理上还应与 CA 经理的能力和控制范围保持一致。项目需要配备具有适当知识和经验水平的 CA 经理，否则创建 CA 管理结构的价值将非常有限。CA 经理需要接受培训和指导，以便管理适合项目的 CA。最终，还需要在项目的绩效测量需求与项目团队及组织的能力之间取得平衡。

3.2.5 规划风险

规划风险需要考虑的重要因素有：

- EVM 会使用《PMBOK®指南》中规划项目风险管理的所有过程。
- 项目团队建立过程以确定如何将风险应对工作纳入基准。
- 项目团队（通常与发起人一起）确定在多大程度上使用应急储备和/或管理储备，并考虑风险发生后的基准设置。可以使用《PMBOK®指南》在第 6.5.2.6 节、第 6.6.2.6 节、第 7.2.2.6 节、第 7.4.2.2 节和第 9.6.2.1 节中所述的数据分析。
- 当基于风险来制定成本估算和进度估算时，项目团队应将风险管理整合到这些过程中，包括量化的成本和进度风险分析。

在规划风险时，还应围绕应急储备和管理储备的使用来解决 EEF 的问题。本标准遵循《PMBOK®指南》。对在项目预算内化解风险有切合实际的预期是项目成功的关键。项目团队（包括那些在 CA 层级进行管理的团队）可以利用一些储备来开展最佳管理工作。项目团队和干系人需要清楚地知道如何记录和测量该储备。注意，管理储备通常是出于管控的目的而创建的，是为项目范围内的不可预见的工作而预留的。

3.2.6 规划其他工作（质量、沟通、采购和干系人）

规划其他工作需要考虑的因素有：

- 《PMBOK®指南》中的质量、沟通、采购和干系人管理知识领域内的所有过程都需要实施 EVM。项目治理的持续支持对持续实施 EVM 至关重要。

- 质量规划是成功实施 EVM 的关键。持续改进、管理层的责任、政策合规性和审计的概念都可以在 EVM 的实施过程中发挥作用。EVM 有助于项目的对标。此外，项目团队应讨论 EVM 将如何处理未满足质量期望的产品和服务的交付问题。

- 沟通的规划方法应包括所需的基准审查和批准，以及需要这些审查和批准的干系人。需要确定项目报告的需求（包括偏差临界值）、整合分析的层级（如进度风险与成本风险）以及变更分析的需求。沟通管理计划定义了有关进度偏差（SV）、成本偏差（CV）、成本绩效指数（CPI）和进度绩效指数（SPI）的 EV 标准的临界值，并说明了如果超出临界值，需要在什么时间通过什么方式来告知干系人。

- 对于规划采购，项目团队要决定是否在任何采购中都使用 EVM，如果是，则可能需要向供应商具体说明。需要考虑预付款、履约保证金的资金预留、现场材料支付款以及其他采购条款。此外，项目团队还应确定供应商如何将 EVM 数据整合到整个项目的 EVM 数据中，以及如何与绩效测量周期统一。如果 EVM 数据流向供应商/分包商，则应根据供应商/分包商提供的输入重新制订所需的进度、成本、风险和其他项目管理知识领域的计划。

- 在规划干系人参与时，应该考虑 EVM 将如何影响干系人的参与，以及由特定干系人驱动的 EEF 和 OPA。干系人参与计划可以解决 EVM 的实施将如何影响干系人参与度的问题，无论是正式还是非正式的参与。在适当的情况下，干系人参与活动应包括在 PMB 中。

3.3 考虑资源和风险，创建数据和整合范围、进度、成本基准

范围、进度、成本基准的整合，需要与项目管理计划中概述的计划/标准保持一致，也要和 EVM 相关的 OPA 保持一致。在大多数情况下，尤其在使用滚动式规划时，这是一个能够延伸到执行阶段的迭代过程。对于项目中正在实施 EVM 的部分，需要整合此部分的范围、进度和成本基准，这是构成 PMB 的基础。

在创建绩效测量基准时，需要整合五个知识领域（项目范围管理、项目进度管理、项目成本管理、项目风险管理和项目资源管理），如图 3-1 所示。在整合时，范围、进度、成本和风险在基准（CA、WP 或活动）的同一层级上，与既定的绩效测量方法相关联。

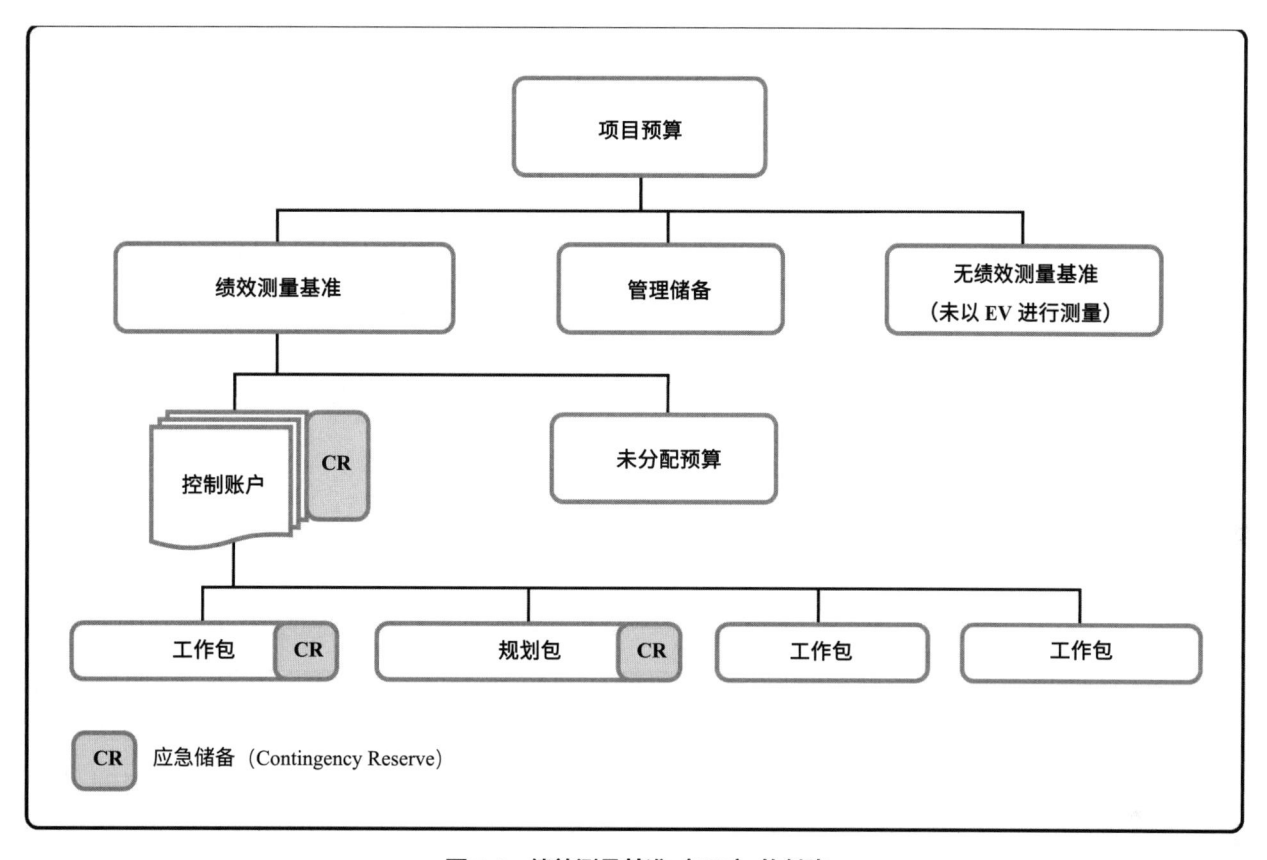

图 3-4　绩效测量基准（PMB）的创建

随着范围、进度和成本基准的整合，项目基准的构成结构也需要保持一致。这应遵循《PMBOK® 指南》中项目预算的组成，如图 3-4 所示（也可参考附录 X4 中的示例）。在设定预算时，项目团队会确定哪些成本在项目预算之内，哪些在项目预算之外。与项目的 OPA 和 EEF 相关的成本，如间接成本，可以排除在预算外。通常，管理储备（MR）已经被确定，它一般也在成本基准之外。项目团队还要确定是否将全部或部分成本纳入整合的 PMB。

这些为 PMB 提供了整合的范围和进度基准。请注意，可以在 CA、工作包或规划包层级分配应急储备。在规划过程中，某些范围/预算可能尚未被分配到特定的 CA，但也可能被视为 PMB 的一部分。在这种情况下，范围及其被分配的成本将被纳入未分配预算（UB）。人们可以将未分配预算视为一个特殊的 CA，它拥有与活动相关的范围和未按进度分配的成本，因此，它尚未被分阶段地纳入特定 CA 的计划或工作包。

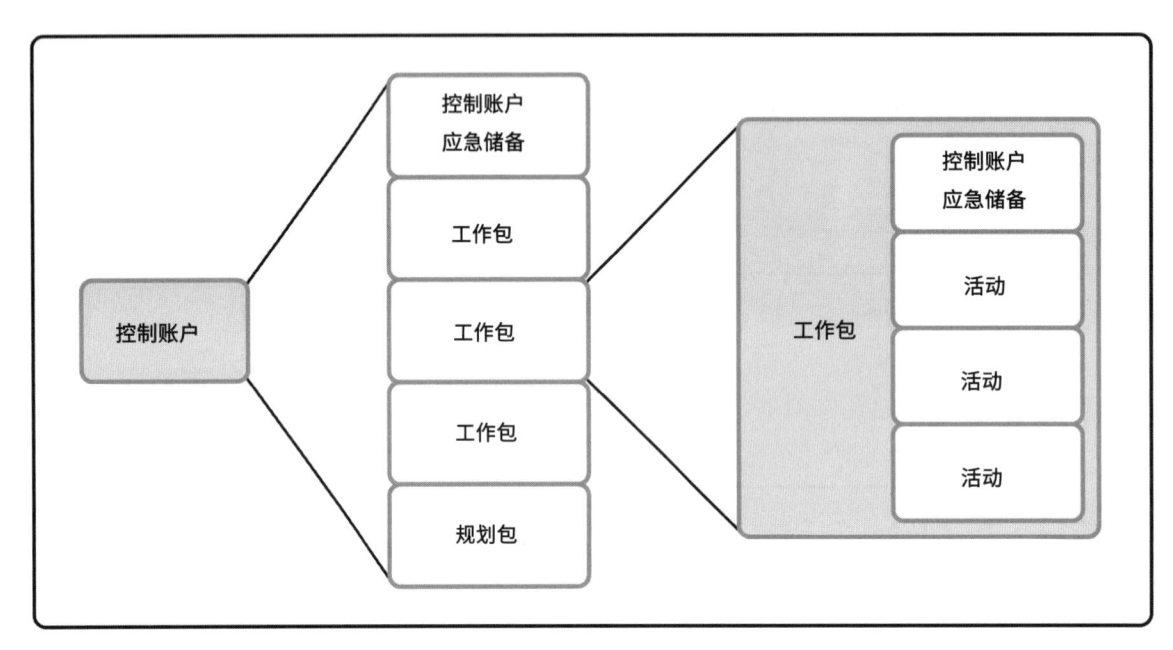

图 3-5　控制账户的组件

一旦确定了 CA 的结构，就需要对 CA 进行详细规划，包括工作包、规划包和应急储备（见图 3-5 和附录 X4 中的示例）。项目团队应决定在哪个层级（在 CA 或工作包或活动层级）对范围、进度和成本基准进行整合。至少，应将范围、进度和成本在 CA 层级进行整合，但也可以进一步细化，将绩效测量方法与进度和成本一同应用于活动层级的范围内。

尤其是，在运用滚动式规划时，应将未来的范围和规划包一起纳入 CA。这些未来的 CA 可能是最终分解为更详细的工作包的摘要，也可能是一个单独的 CA。（在某些行业，关于未来工作汇总的 CA 被称为摘要级规划包。）仅含有规划包的 CA 更为常用，因此在项目开始时，所有应用 EVM 的项目工作都可以在某个层级上开展基准规划。这一系列近期的和未来的 CA 构成了 PMB。

在第 3.3.1 节至第 3.3.5 节，对项目团队在每个过程组中应该考虑的概念进行了描述。需要整合其中的每个要素，以建立 PMB。

3.3.1 资源管理

资源管理决定了管理的水平，它设定了 OBS 及 RAM 内的职责结构。此过程通过确定 CA 结构来设置管理结构，CA 结构可设置管理项目的最低层级。

3.3.1.1 在组织分解结构（OBS）中分配职责

项目可以在组织的现有结构下进行，也可以在为特定项目量身定制的结构下进行。在通常情况下，将使用整合团队，并将不同组织的资源结合起来。根据项目的需要和组织的政策，可以采取多种方法。无论属于哪种情况，项目本身的组织结构都应反映项目内的权限体系和沟通关系。它还应反映谁负责完成工作。

项目团队使用的最终结构会成为 EVM 中的 OBS。无论是项目组织的层级展示、整合团队的结构，还是其他一些混合结构，OBS 都说明了项目活动与负责执行这些活动的组织单位之间的关系。该结构将 CA 与具有既定的沟通关系的组织单位联系起来。

3.3.1.2 将 WBS 和 OBS 整合到责任分配矩阵（RAM）

将 WBS 整合在矩阵的一个轴上，将组织结构整合在另一个轴上，这有助于项目团队阐明工作与负责的组织是如何整合在一起的。起初，分配给个人或团队的工作职责还不确定。与项目的其他方面一样，OBS 可以通过滚动式规划过程或项目的其他阶段来得到演进。

在整合最初的工作之后，项目经理与组织内部的经理（通常被称为职能经理或直线经理）合作，以识别将负责和授权执行工作的个人或团队。个人/团队(如果不是领导者的话)应该参与相关的活动，以确定和制定完成该工作（工作的内容、时间和数量）的预算和进度计划。

责任分配矩阵（RAM）（见图 3-6 和附录 X4 中的示例）显示了 WBS 中的工作和 OBS 中的资源管理结构的整合。在图 3-6 中，OBS 由整合项目团队（IPT）组成，整合团队会被划分为多个小组。RAM 提供了一种可视化的视图，有助于确保项目范围内的每个要素都被分配给一个人或一个团队进行管理。RAM 描述了控制和职责的层级，并指明了项目的权力级别。

项目的 CA 是由 OBS 和 WBS 的交叉点来确定的。没有必要在 WBS 或 OBS 的同一层级上创建所有 CA。因此，项目经理有多种选择。图 3-6 显示了两个处于相同 OBS 层级但分属不同 WBS 层级的 CA。

责任分配矩阵、工作分解结构和组织分解结构

项目集 A

WBS	标题
01	项目名称
1.1	项目管理
1.2	规划
1.3	智能建造
1.3.1	建造
1.3.2	信息系统
1.4	移交

RAM

#	控制账户（CA）	WBS	OBS	预算
CA-001	项目管理	1.1	01.01	336000 美元
CA-002	规划阶段	1.2	01.02	67700 美元
CA-003	建造	1.3.1	01.03	928080 美元
CA-004	信息系统	1.3.2	01.04	61280 美元
CA-005	移交阶段	1.4	01.01	13000 美元
	绩效测量基准			1406760 美元
	管理储备			93240 美元
	项目预算			1500000 美元

OBS	标题
01	项目团队
01.01	控制团队
01.02	设计团队
01.03	建造团队
01.04	敏捷团队

图 3-6 责任分配矩阵（RAM）示例

CA 是一个管理控制点，在该控制点，范围、预算、实际成本和进度会被整合，并与 EV 进行比较以测量绩效。在确定是否将一组工作（WBS）和组织（OBS）合并到 CA 中时，应考虑以下因素：

◆ 工作将由一个或多个职能组织执行，还是由一个多职能的整合项目团队执行？
若使用多职能的整合项目团队，可以将工作纳入一个 CA。若使用职能组织，可能需要为每个负责的组织制定不同的 CA。通常，随着项目从一个里程碑转移到另一个里程碑，之前的 CA

会被关闭，而新的 CA 会被开放。由于团队性质发生了变化，基于相同的 WBS 范围可能创建不同的 CA。其中一个例子是，从设计团队转移到测试团队。

- ◆ 哪个层级的 WBS 适合成为管理点？这可能受以下因素影响：
  - 自制或外购决策。
  - 风险级别。
  - 对项目的重要程度，无论是成本、进度和/或绩效。
- ◆ 是否有经过培训/有能力的 CA 经理？
- ◆ 是否会按项目生命周期、控制点或审查来划分工作？
  之所以这样做，通常是因为，当 WBS 事项从设计、首次产出、测试到其他阶段贯穿项目生命周期时，团队的组成会发生变化。

在建立 CA 结构时，重要的是要包含在整个项目生命周期中需要被测量的全部 WBS。也就是说，当 CA 内的工作被汇总时，所有要测量的工作都应该被表示出来。允许多个组织（通常被称为执行组织）在一个 CA 内工作；但是，管理的最终责任只属于一个组织（责任组织）。对于 EVM，OBS 需要用负责人或授权的整合项目团队（IPT）来代表责任组织的结构。在很多情况下，IPT 的表现形式是多职能的或跨组织的，这使团队更加以产品为导向。这可能导致 OBS 结构与 WBS 结构一致。

每当有新工作和预算产生、删除或在项目内部变化时，一个或多个 CA 就会发生变更。任何变更都应始终反映在责任分配矩阵上，并通过变更控制进行授权。这种方法为项目经理提供了与项目相关的所有工作和预算的持续更新的信息。当 CA 在未来的滚动式规划过程中只有一个规划包时，可能无法确定某个特定的组织；然而，WBS 的组成部分应该是清晰的，并且涵盖了 PMB 中用 EV 测量的所有工作。在这些情况下，CA 应由项目经理负责，直到工作被进一步分解，才分配给特定的个人或团队。

3.3.2 风险管理

为了驾驭不确定性，应将《PMBOK®指南》中描述的风险管理过程的输出纳入 PMB。风险管理的目标是开拓或增加积极风险（机会），规避或减轻消极风险（威胁），以提升项目成功的概率。

规划风险管理过程针对项目基准的不确定性（无论是消极的还是积极的），识别风险（见《PMBOK®指南》的第 11.2 节），进行定性（见《PMBOK®指南》的第 11.3 节）和定量（见《PMBOK®指南》的第 11.4 节）风险分析，并规划风险应对（见《PMBOK®指南》第 11.5 节）。

为了将风险的考虑因素纳入基准，项目团队要进行定性和定量风险分析（范围、进度和成本），同时制定风险应对措施并将其纳入基准。将风险管理过程的输出与 EVM 相结合，通过了解与进度估算和成本估算的影响相关的威胁或机会的预期发生概率，可以及早获得有关范围、进度和成本估算方面的洞察。

根据风险管理计划和风险登记册，各种形式的风险应对措施/减轻措施都将被纳入项目管理计划。对于一些风险应对措施，可能需要预先更新项目基准（成本、进度和范围），对于另一些风险应对措施，可能在达到特定情况（或风险触发器）后，才需要变更计划基准。需要对突发事件的应对措施进行规划，然后将其纳入工作包或规划包。例如，当高影响的风险达到风险触发点后，或其发生概率显著提高时，可以实施应急计划，重新规划基准，并将应急计划移动到特定的工作包/活动中。最好在 CA 层级将 EVM 和风险管理进行合并，并由 CA 经理负责。在将应急计划移到特定的工作包/活动中时，需要通过变更控制过程。

在实施风险应对措施时，无论在项目的前期还是后期，都会影响项目工作的预期执行速率。PMB 应对该应对措施加以说明。风险登记册内的信息可能被包含在 PMB 中，其具体内容将在第 3.3.2.1 节和第 3.3.2.2 节中列出。

3.3.2.1　商定的应对策略

风险应对通常涉及应对消极风险和积极风险，它会影响项目中特定 CA 的范围基准、进度基准和/或成本基准。这些应对措施需要在基准工作中得到规划。此外，项目绩效是否存在偏差，也部分取决于项目团队如何设置风险承受能力和风险偏好（风险规避或风险偏好）以及应急储备和/或管理储备的使用程度。应考虑干系人的风险偏好，并根据既定的风险承受能力来适当调整 EVM 的偏差临界值。应将已制定的风险应对措施与应急储备一起纳入 PMB，而管理储备则在基准之外。CA 经理要能够处理分配到的风险，并负责管理项目风险应对措施和应急储备。因此，在许多情况下，CA 经理会成为风险负责人。

3.3.2.2 管理储备和应急储备

应急储备用于已识别的风险，对于该类风险，已经制定了应急应对措施。应急储备可以为实施应急应对措施提供资金，或者当风险发生后可以提供必要的响应资金。应急储备可以针对整个项目，也可以被分配给特定的 CA。

应急储备不是用来掩盖成本超支的。相反，这些储备是在了解已识别的风险及其潜在影响的情况下被确定的，并被置于 PMB 内的合适层级。虽然应急储备预计将被消耗，以适应不断演化的风险应对措施，或者用来抵消已发生风险的影响，但仍可能出现风险高于或低于最初估算的情况。在这些情况下，较为恰当的方法是将偏差记录下来。根据现有的 OPA，通过变更控制过程，项目团队在风险影响很大时可以决定调整未来的基准。当基准与团队遵循的计划显著不同时，PMB 作为管理工具将不再有效。无论储备是过多还是过少，只要当团队明显偏离基准时，项目团队和干系人就应该考虑变更基准。通常，OPA 和 EEF 会导致初始基准的变更，应为有效管理剩余工作而建立新的基准。

《PMBOK®指南》《项目组合、项目集和项目的风险管理标准》[6]《项目风险管理实践标准》[7]《进度管理实践标准》[8] 和《项目估算实践标准》[9] 涵盖了有关使用风险应对措施和储备来解决风险对成本基准、进度基准或范围基准影响的其他信息。在使用 EV 时，任何风险应对措施都需要在 CA 内进行分配，其中，包括消耗预算的活动，该活动可以在项目的范围、进度和成本基准中获得。

3.3.3 范围基准

范围基准由项目范围说明书、WBS 和 WBS 词典组成，与 WP 和规划包保持一致，并提供所有产品和项目可交付物的信息，以便在执行和交付时进行比较。在完成项目范围后，会生成范围实现数据，应在 CA 内的 WP 的恰当 WBS 活动层级规划该数据。收集范围数据的基础取决于所选的测量方法。在规划项目范围的过程中，标准（有时也被称为信用规则）会被概括和记录下来，项目范围可以在 WBS 词典、WP 和活动层级中获得。还需要考虑可交付物的质量。

在规划范围基准时，项目团队应考虑如何收集范围数据。还应基于特定时点，尤其是在每个项目控制周期（如周、月）结束时，考虑对完成的范围数量进行充分的测量。要收集范围实现数据和已验证的数据，包括有关项目进展的信息，例如，哪些活动或工作包已经开始，哪些已经完成，它们的进展，以及其他活动或工作包预计何时完成。规划这些数据的方式将影响数据收集的方式。它被用于确定和测量 EV 及其他 EVM 指标，如第 4.4 节所述。

3.3.4 进度基准

进度基准代表了进度模型的批准版本，可以使用正式的变更控制过程进行变更，并被用作与实际结果进行比较的基础。当与项目预算相结合时，进度基准构成了制定 PMB 的基础。在任何给定的时间点，尤其是在每个项目控制周期（如周、月）结束时，进度数据都描述了计划执行的项目工作的内容和数量。

进度计划这一术语通常用于表示进度模型和与日期相关的多个活动。为了明确并与《PMBOK®指南》保持一致，本标准将（a）进度工具中的项目特定数据作为进度模型，（b）基于项目特定数据的输出作为进度模型的演示。

进度模型包括用于表示执行项目活动的项目管理计划中使用的所有与时间相关的属性，如基准开始日期和完成日期、持续时间、依赖关系以及其他活动定义和进度信息。如第 3.2.2.2 节所述，进度数据的基础是在规划主进度计划，并确定 EVMS 所使用的测量方法时被概括和记录下来的。

开发进度模型是将所有 WBS 组件转换为用于执行项目的按时间分段的顺序模型的过程。应用 EVM 不一定要在活动层级加载进度模型的资源。然而，在活动层级加载进度模型的资源是一种值得推荐的做法，可以提高 PMB 的可信度。

项目进度整合了与每个 WBS 组件相关的活动，并识别了项目活动之间的依赖关系以及项目外部的依赖关系。进度模型可以被分解并以不同的详细程度呈现出来。

本标准侧重于那些与 EVM 实践有特定相关性的进度组件。因此，就本章而言，假设这些组件会遵循《PMBOK®指南》中涵盖的进度过程。进度计划的良好实践适合大多数项目中的大多数情况，有关它的概述，见《PMBOK®指南》第 6 章。有关项目进度实践的定义和实施的更广泛应用，见《进度管理实践标准》。

3.3.4.1 进度计划的结构

虽然进度模型已经遵循了良好的进度实践，但也需要考虑 EVM 的需求。建立进度计划结构的关键是，不仅要反映 WBS 结构，还要反映 CA 结构。要考虑到，整合的主进度计划是所有 CA 层级进度计划的整合。在每个 CA 的进度计划中，都应该与 WP 和规划包有明确的联系。

3.3.4.2 进度与预算的关系

在项目的整个生命周期中，进度模型和预算系统之间将一直保持联系。PV 是使用与进度模型相同的假设推导得出的。同样，WBS 和其他预算要素集（CA、WP 和规划包）都应该存在于这两个系统。其中的某些属性，如开始日期和结束日期、预算及组织责任，应该在预算和进度之间始终保持一致。估算的成本（工时、以美元表示的直接物料成本或以其他货币单位表示的直接物料成本、差旅费等）应分配给其支持的工作包或进度活动，但这不是必需的。最低要求是，将成本分配到 CA 层级。为了降低使成本基准与进度基准保持同步的管理负担，可以使用资源加载（成本）进度计划。资源加载进度计划是按时间段分配的预算计划的整合模型。这些进度计划还可以包含 WBS 字典、所选测量方法的使用规则、成本估算基础和其他被纳入的信息，从而提供一个代表 PMB 的单一模型。

一旦项目进度模型得到所有项目干系人的审查和同意，就会作为项目进度基准被保存和存储，并构成按时间段划分的 PMB 的基础。第 4.6 节将涉及基准的维护。

3.3.4.3 进度模型

进度模型展示了执行项目范围内工作的时间段划分。项目进度计划反映了 WBS 中定义的整个项目的工作范围，并在足够细的粒度上反映了项目的计划、实施和监控。高层级的主进度计划和最高层级的 WBS 都代表了项目的整个范围。WBS 的较低层级与进度的同等层级相对应，此规律同样适用于 CA、WP 和规划包。图 3-7 是整个项目进度计划的初始细节部分。它代表了附录 X4 中示例的进度模型，该示例中的活动超过 5 个季度。近期活动被详细规划至工作包层级。进度计划通过滚动式规划被进一步细化（见附录 X4 中的示例）。有关制定进度模型的更多详细信息，见《进度管理实践标准》。

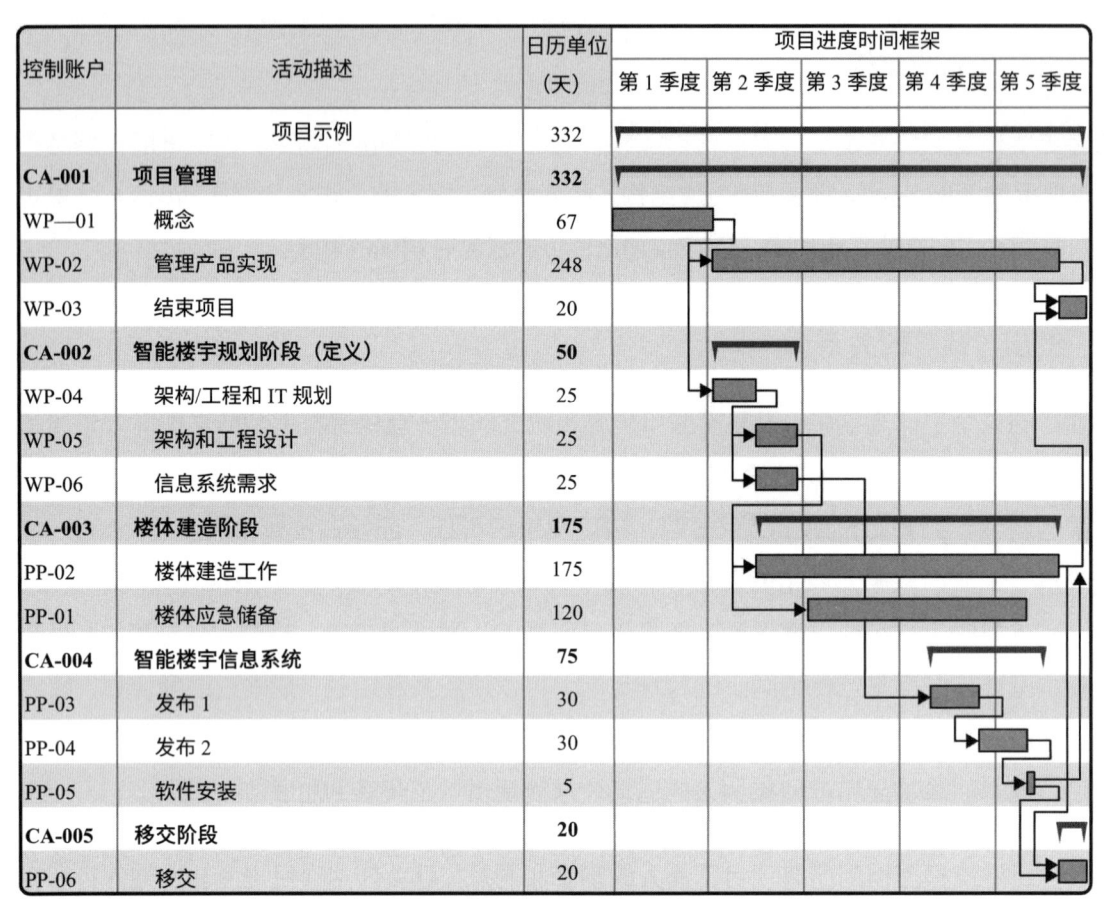

控制账户	活动描述	日历单位（天）	项目进度时间框架
			第1季度 第2季度 第3季度 第4季度 第5季度
	项目示例	332	
CA-001	**项目管理**	**332**	
WP—01	概念	67	
WP-02	管理产品实现	248	
WP-03	结束项目	20	
CA-002	**智能楼宇规划阶段（定义）**	**50**	
WP-04	架构/工程和IT规划	25	
WP-05	架构和工程设计	25	
WP-06	信息系统需求	25	
CA-003	**楼体建造阶段**	**175**	
PP-02	楼体建造工作	175	
PP-01	楼体应急储备	120	
CA-004	**智能楼宇信息系统**	**75**	
PP-03	发布1	30	
PP-04	发布2	30	
PP-05	软件安装	5	
CA-005	**移交阶段**	**20**	
PP-06	移交	20	

图 3-7　项目进度计划展示示例

3.3.4.4　进度计划的演化

项目预算和进度细化是一个迭代的过程（涉及项目制约因素的影响），直到干系人对估算达成共识。因此，在项目经理建立 PMB 之前，进度计划会持续演化。

结构合理的进度模型描述了项目团队通过 CA 和 WP 完成工作的计划。在执行工作之前，应细化规划包并将其分解。CA 内的 WP 为 PMB 提供了基本逻辑，可据此来测量完成度并对预期的未来结果进行预测。

进度模型的改进可能包括：

- 逻辑驱动的进度计划，在 WP 层级或活动层级建立网络。
- 加载了资源的 WP 和/或活动。
- 风险触发里程碑和潜在风险的应对措施被纳入。
- 将进度风险分析数据纳入进度模型。

包含对复杂度和风险分析（在各种风险与项目目标之间取得平衡）概率方面的考虑，这能提升进度模型作为管理工具的有效性。

3.3.5 成本基准

EVM 的成本基准来自每个 CA 的经批准的预算，包括工作包和规划包及适当的应急储备（有时还取决于 EEF/OPA）。对于 EVM，每个工作包或规划包（经批准的预算）的成本都需要按时间段划分，并与进度基准保持一致。

成本基准是不同 CA 的经批准的预算的总和，其中，CA 包括进度计划中的工作包或规划包。在规划 CA 的过程中，要概述每个 CA 内的成本数据的由来。成本应基于成本的估算。估算的成本通常分为直接成本和间接成本。间接成本是否出现在项目估算或项目预算中，取决于 EEF 和 OPA。EVM 不需要对间接成本进行任何具体的处理；然而，间接成本的偏差可能影响偏差分析。当项目和企业需要包括间接成本时，间接成本应该被纳入成本估算过程，并包含在活动层级或更高层级（见《PMBOK®指南》第 7.2.3.1 节）。在 EVM 中，当在高层级进行成本分配时，可以将间接成本分摊到适当的 CA、WP、活动或资源中。对于 EVM 用户来说，重要的是，要了解哪些成本在 PMB 内，哪些不在；这取决于组织规则。EVM 要求成本估算至少要与 CA 保持一致，但成本估算也可以与活动层级保持一致。

成本估算为制订预算提供了基础。通常，应该为每个 WP 或规划包进行估算。每个 WP 的估算应该足够可靠，以帮助项目团队规划所需的资源，而在估算规划包的预算时可能需要较低层级的详细信息，以便有足够的信息来支持其转换为 WP。CA 内的所有成本估算都应在进度基准的时间框架内进行。有关制定成本估算的进一步指导，见《项目估算实践标准》[9]。

一旦完成了对 CA 中的 WP 和规划包的成本估算，项目经理和 CA 经理就会对其进行审查。项目经理可以决定以高于、低于或等于成本估算的金额来授权预算，如下所示：

◆ 如果项目经理知道将来可能发生的事件，如费率、流程或客户的变化，则可能授权更多预算。额外的预算通常是以应急储备的形式放在 WP/规划包层级或 CA 中。

◆ 如果项目经理为 CA 经理设定了一个弹性的目标或预留了准备金，则可以授权较少的预算。如果初始估算中的某些假设被证明是错误的，或者在执行前能获得比估算时更多的范围信息，那么也可以批准减少预算。通常，低于成本估算的预算会被放在 CA 以外的储备中。

◆ 特别是在 CA 以外进行风险分析和储备时，可以授权与成本估算同等金额的预算。

评估预算和实际资源消耗的最通用、最广泛的计量单位是货币，这是 EVM 方法中最初使用的，也是使用最广泛的计量单位。在多币种的项目中，既要解决汇率管理问题，又要解决与汇率管理类似的项目人工费率或其他间接和直接成本的变更。这并不奇怪，因为成本数据能够回答任何一位项目发起人的基本问题：项目的实际成本是多少？

然而，预算和成本也可以用其他单位来表示，如工时（人力）。这些替代方案通常侧重于整个组织工作的特定资源或成本要素，这与管理目的更为相关。其他成本要素要么被转换为该单位，要么根本不在 EVM 中考虑。所采取的处理方式取决于正在实施的 EVM 的内在性质和范围，它将被记录在项目管理计划中。

替代方案应与项目控制的成本要素的边界保持一致。例如，在某些环境中（如在小型软件项目中），项目经理不负责测量整个项目的成本，而只负责测量直接的人力投入。在这些场景中，工时被当作价值的测量标准——比货币单位更明确、颗粒度更细。在此示例中，像差旅成本这样的非人力投入的成本不列在 PMB 之内。因此，PMB 不包括工时以外的成本。在某些情况下，这可能显著地简化 EVMS，但几乎不影响管理价值。

当使用替代货币的方案时，必须确保所使用的成本数据源自选定的测量方法，该方法用来测量组织为执行项目而付出的努力（以资源消耗的形式）；该方法不应与完成范围（如范围数据）的测量方法相混淆，如实物测量（如图纸的完成），即使两者非常相似。

3.4 设定绩效测量基准

项目团队分析并整合来自范围、进度和成本基准的信息。基准信息结合了来自风险登记册和风险应对措施的信息。在项目规划和执行过程中，随着项目范围、进度和成本估算的细化，PMB 的颗粒度也会在迭代过程中逐步细化。可以使用表格或图形来展示这些信息，良好实践表明，两种方式都要使用。

虽然可以手动设定 PMB，但使用软件，如电子表格、进度软件或为 EVM 的实施而量身定制的应用程序，也是不错的做法。在规划的这一点上，对于规划的每个基准，都可以设置 PMB。以下是应在 PMB 中记录、审查并验证的内容：

- 估算了每个 WP 和规划包；因此，每个 CA 都有一个预算。预算与其代表的相关资源是范围组件的总 PV［完工预算（BAC）］。
- 制定了风险应对措施，并将每个风险应对措施的成本纳入 WP 或规划包，或者酌情作为应急储备。
- 已记录了由项目章程和范围文件授权的工作，但尚未分配 WBS 控制账户层级的预算。
- 已制定了每个 WP 和规划包的进度。规划了它们发生的日期。
- 为每个 CA 分配了一个负责人或团队。
- 确定了测量方法，当工作开始后，可用于报告已完成的范围或工作的数量。
- 确定了固定周期，如每周或每月，汇总了与每个 CA 相关的实际成本信息。

此时，项目有了一个由范围、进度和成本组合而成的且按时间段划分的整合基准，这代表了一段时间内的成本总数（见图 3-8 和附录 X4 中的示例）。PMB 获得了范围的 PV，它是按时间段划分的，并确定了如何来测量工作的进度情况。一旦工作开始，CA 层级的进度数据和实际成本就会被记录到 PMB 中。在使用 PMB 时，EVM 将与基准对比，以对实际绩效进行分析。此外，EVM 还会将实际绩效作为未来绩效的预测指标。

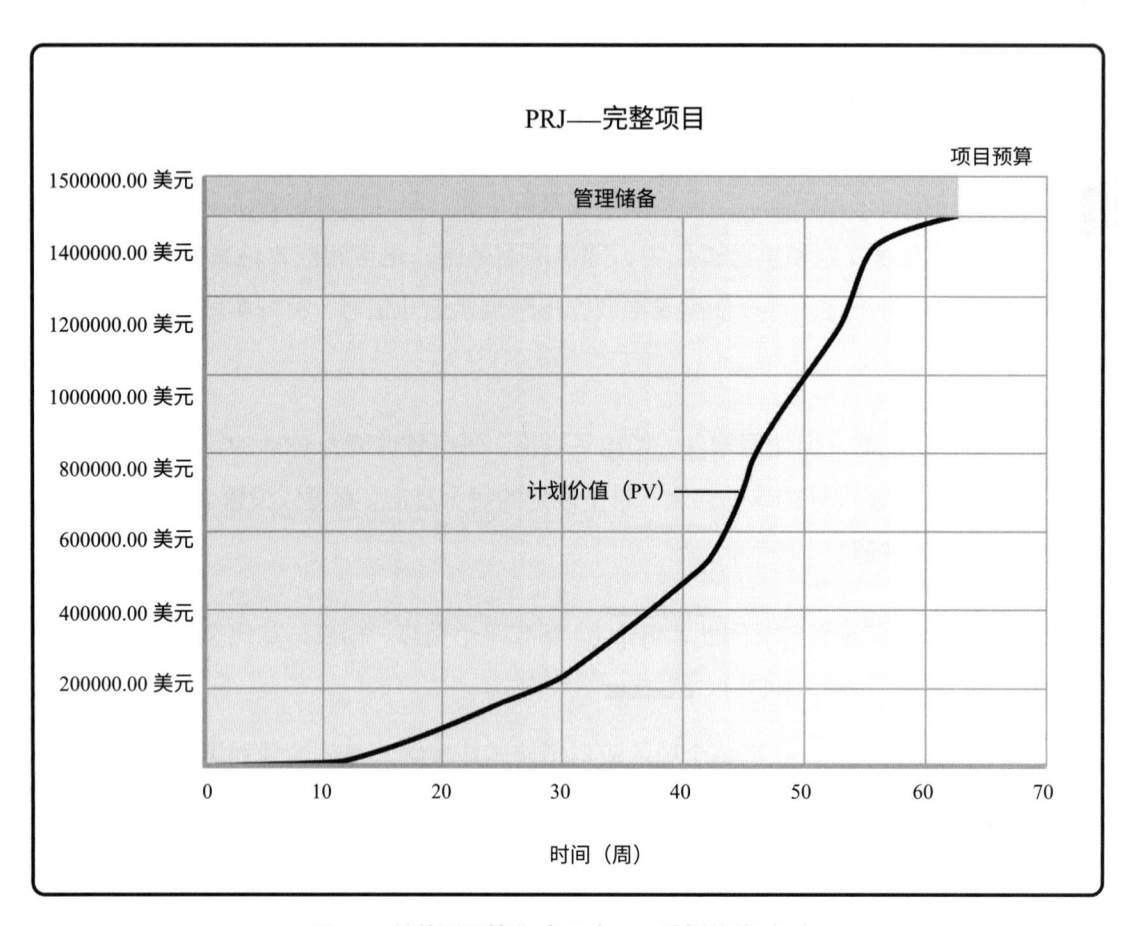

图 3-8 绩效测量基准（PMB）——计划价值（PV）

3.4.1 项目预算

项目预算是 WP 和规划包的估算成本、应急储备和管理储备的总和。对于 EVM 而言，项目预算的 PMB 部分包括将实施 EVM 的所有 CA 中的 WP、规划包、应急储备的总和。可以有多种方式来设定项目预算和 PMB，这取决于特定项目或组织的 OPA 和 EEF。

3.4.1.1　管理储备

管理储备是管理层在进度基准或成本基准之外留出的时间或预算。管理层会为项目范围内的不可预见的风险释放管理储备。在大多数项目中，尤其是在重大项目中，未来事件或困难的程度存在相当大的不确定性。为了应对这种不确定性，可以将一定数量的项目预算作为管理储备。管理储备的管控取决于项目团队正在使用的 OPA 和 EEF。

管理储备和 PMB 的预算都是项目预算的组成部分。管理储备通常不按时间段划分，也不是 PMB 的一部分。与应急储备一样，管理储备不应被用来掩盖与绩效相关的超支情况。相反，应急储备旨在成为项目章程中的风险应对措施的预算。管理储备是为不可预见的风险准备的（在项目管理计划中未对该风险制定应对措施）。

3.4.1.2　未分配预算

未分配预算是指，在 PMB 内，但尚未被纳入规划的 CA 的工作所对应的成本，因此，它通常不按时间段划分。它是预算的一个临时账户。OPA 应规定如何在 PMB 内处理未分配预算，例如，在项目结束时如何处理未分配预算。

3.4.1.3　控制账户的预算

在项目的下一个层级，提供管理控制点的是 CA。使用 EVM 完成的所有工作都需要在 CA 中完成，并需要被进一步分解为 WP。CA 预算的累计值加上未分配的预算应等于 PMB。CA 经理在他们的层级识别风险。这可能在某些 WP 内产生一些额外的活动，这些活动可能在持续时间和/或成本上具有不确定性。CA 经理根据批准的进度为 CA 及其相应工作分配按时间段划分的预算，可能包括直接成本和间接成本。CA 是根据滚动式规划的概念按时间段细化的，WP 在预计开始日期前就要得到详细规划，以用于指定时间段的 EV 报告。每个 CA 的完工预算（BAC）是 WP、规划包和应急储备的总和。

3.4.2 创建 PMB

PMB 是由三个基准整合而成的基准。通常，作为制定基准的一部分，一个标准过程（记录在 OPA 或 EEF 中）会对基准所描述的工作进行授权、跟踪和分配预算。此外，在项目中，由于每个 CA 都是被管理的一个独立的部分，因此项目团队需要经常开发和维护 CA 计划，以获取 CA 的具体细节。

3.4.2.1 授权工作

授权指的是，正式允许和指示开始特定的项目工作，通常为 CA 内的工作。这是一种批准项目工作的方法，确保由已识别的组织在正确的时间，以正确的顺序并在批准的范围基准内完成工作。形式最简单的授权工作流程可遵循以下步骤：

- **步骤 1。**项目经理通过项目章程或客户合同/客户授权而获得开展项目的授权。此授权可能包括对项目经理可用资金的限制，即授权的预算总额。

- **步骤 2。**项目经理通常通过签发工作授权文件来授权下一级管理人员开展指定的工作。通常，下一个层级是 CA 层级，但在项目和 CA 之间可以有一个或多个额外的层级。如果是这种情况，在每个层级都应获得相应的授权，然后在其规定的、不间断的授权链中继续向下授权。

- **步骤 3。**在某些组织中，可能需要获得职能经理的同意或授权。

- **步骤 4。**CA 经理可以授权特定的个人开始工作，并提供范围、规划的预算（通常以小时为单位）和所需使用的费用编码。

3.4.2.2 项目预算日志

项目预算日志是所有项目预算的中央存储库。项目经理应在任何时候都能够审查项目预算日志，还应能够对项目预算的每个要素的价值和分类进行完整的核算，并在整个项目生命周期中对预算的变更进行审查。随着 CA 的工作被授权，项目预算日志中的条目会显示，预算从未分配预算到已分配预算的转移。当整个项目被授权到 CA（或 CA 和摘要级预算）层级时，未分配预算的值将为零。在 CA 内，预算将被授权到 WP 或规划包层级。图 3-9 显示了初始项目预算日志的示例。附录 X4 提供了更多相关的示例。

预算日志				
日期	账户来源	目的账户	金额	描述
1月6日	公司	项目	1500000 美元	项目集预算
1月6日	项目	CA 01	336000 美元	CA 的初始资金
1月6日	项目	CA-02	67700 美元	CA 的初始资金
1月6日	项目	CA-03	928080 美元	CA 的初始资金
1月6日	项目	CA-04	61280 美元	CA 的初始资金
1月6日	项目	CA-05	13700 美元	CA 的初始资金
1月7日	项目	项目	93240 美元	创建 MR 账户
1月8日	CA-01	WP-01	19840 美元	授权 WP-01
1月8日	CA-01	WP-02	297600 美元	授权 WP-02

图 3-9　项目预算日志示例

3.4.2.3　项目资金需求

总的资金需求和阶段性的资金需求都是根据项目成本估算和按时间段划分的预算来确定的。当可用资金与所需资金不一致时，可能需要重新规划项目以满足资金限制。然后，更新项目资金需求，以符合为建立 PMB 而作出的预算决策。

3.4.2.4　规划控制账户

CA 的详细计划被称为 CA 计划。CA 计划包含 CA 的所有元素，其中一些内容包括：

◆ CA 经理的姓名。

◆ 将完成的工作范围的描述。

◆ 要完成的具体里程碑。

◆ 为 CA 内已明确定义的 WP 划定范围、进度和预算（增量的、截至目前累计的和完工的）。

- 为 CA 内未来的规划包划定范围、进度和预算（增量的、截至目前累计的和完工的）。
- 完工尚需估算是按时间段划分的，并可得出所需资金总额的最新情况［完工估算（EAC）］。

3.4.3 预算和资金

EVM 的一个关键方面是，与预算和资金相关的一系列特定术语。预算是在完成相应工作时挣得的工作计划要素。资金（剩余资金）是可用于完成工作的资金（量）。资金通常由组织的工作授权系统所控制，该系统允许项目经理在未获得全额资金时开展管理工作。

3.5 在敏捷/混合环境中应用 EVM

使用敏捷方法与使用计划驱动的方法相同，都需要组织通过协调的方式来管理各个项目或 CA 的收益。所有项目团队都应该确保自己的工作与关键业务目标保持一致。重要的是，各级管理人员都可以看到总体进度得到测量，风险得到管理，从而能对整个项目有更广阔的视角。

正如《敏捷实践指南》的表 A1-2 所提到的，组织开始意识到它们不需要坚持单一的方法论（例如，预测型或各种形式的敏捷）。这个认知导致了混合概念的产生。在敏捷环境下，项目经理负责管理并跟踪项目在整个生命周期中的业务、技术和交付。此外，项目经理为混合项目团队的规划、领导、组织和激励提供高层级的管理指导和协调。在跨多个业务部门的快节奏环境中，敏捷项目经理可能混合使用计划驱动的方法和敏捷方法来管理多并发、高可见性的项目或 CA。

本标准以《敏捷实践指南》所概述的方式来考虑敏捷。本标准适用于那些发现自身介于预测方法和敏捷方法之间的混乱地带的项目团队（见《敏捷实践指南》第 4 页）。本节将阐述如何通过运用 EV 使项目团队的敏捷、迭代或其他适应型方法与项目的其余部分保持一致。这种方法的关键是，使项目的 CA 结构与敏捷方法保持一致。本节所述的"敏捷"指的是敏捷、迭代或其他适应型方法。

PMB 的组件是 CA 的集合。因此，敏捷驱动工作的关键是，定义敏捷工作如何适应项目的 CA。对于项目团队而言，确定如何将敏捷工作映射到一个或多个 CA 中是很重要的。对于复杂的敏捷交付计划，CA 的范围可以被分解为更小、更易于管理的解决方案的自治单元（如史诗、能力和/或特性），每个 CA 的进度计划被切分为 WP 和规划包，包含需要交付解决方案的实际活动（如功能和/或用户故事）。为了说明图 3-10 中的过程，CA-002 的范围所对应的解决方案将由敏捷团队在 Release-1 和 Release-2 中定义的 WP（规划工作、测量进度和评估 EV）来实现。图 3-10 显示了项目的四个 CA，该项目运用计划驱动与适应型方法相结合的方法（混合方法）。在每个报告周期结束时（如第 48 周），将每个 CA 的进展与 PMB 进行对比，并将产生的 EV 数据都汇总至整个项目的 EVM 状态报告。

项目可以使用 Scrum 框架的测量结果来作为计算 EVM 的输入。如《敏捷实践指南》的第 5.4.1 节所述，敏捷方法没有定义如何管理和跟踪成本，以评估投资的预期回报。（有关敏捷实践的更多信息，见《敏捷实践指南》第 5 章。）EVM 的成本绩效指数（CPI）提供了一种测量已完成工作的资源消耗效率的方法。同时，完工尚需绩效指数（TCPI）预测了为确保工作按预算完成所需要达到的效率。此外，传统的敏捷指标（见《敏捷实践指南》第 5.4 节的定义）不提供发布完成时的成本估算，也不为决策提供支持业务的成本指标（例如，变更一个发布中的需求），而传统项目的 EVMS 分析使决策更加理性。然而，为了管理和汇报具有敏捷和 EVM 组件的混合项目，在定期报告期间，项目经理应将来自敏捷组件的数据点转换为所需的 EVM 计量单位，用于分析整体 PMB 并合并 EVMS 报表。有关混合项目报告的更多详细信息，见第 4.5.1.1 节。

	智能楼宇示例		绩效进度	
		工作包/冲刺	开始	结束
CA-002 (楼宇规划)	智能楼宇规划阶段			
		架构/工程和IT规划	4月6日	5月8日
		架构/工程设计	5月11日	6月12日
CA-003 (楼宇建设)	智能楼宇转换			
		动员和场地清理	6月15日	7月24日
		土建工程	7月27日	1月8日
		电气系统	10月19日	1月8日
		机械设备	11月2日	12月25日
		IT基础设施	11月2日	11月13日
		外部区域	1月11日	1月22日
		调试	1月25日	1月29日
CA-004 (智能楼宇 信息系统)	敏捷交付方案整合			
		Releae-1（WP-1）		
		冲刺-01：创建安全/通知/警报系统	10月19日	10月30日
		冲刺-02：创建智能楼宇仪表板/记分卡报告	11月2日	11月13日
		冲刺-03：创建气候控制系统	11月16日	11月27日
		Releae-2（WP-2）		
		冲刺-04：创建智能楼宇娱乐系统	11月30日	12月11日
		冲刺-05：创建分析和增强的智能系统	12月14日	12月25日
		冲刺-06：整合和性能测试	12月28日	1月8日
CA-005 (移交)	智能楼宇移交			
		验收测试	2月1日	2月19日
		楼宇用户测试	2月22日	2月26日

原定第48周结束 ➡
⬅ 新时间

图 3-10　整合的项目进度

在 PMB 内整合敏捷方法时，至少需要以下一组输入参数：每个 CA 工作的成本预算（成本）、估算的产品待办事项（范围）、能提供有关发布中的迭代次数的发布计划，以及假定的速度（项目团队在每次迭代中能够交付多少解决方案）。对范围的估算可以采用故事点或团队用来估算工作量的任何其他方法。然而，确定估算范围的数值是至关重要的。在本章，使用了故事点（如《敏捷实践指南》的第 5.4.1 节所述）来测量用户故事的工作量和速度。

在敏捷环境中，PMB 可以等价地表示为发布规划的工作范围或计划价值（PV）。这样就可以在不影响 PMB 或不重新设定基准的情况下进行修正。当前的发布计划要与实际执行的工作进行比较。

总之，当在 EVM 中使用敏捷方法时，了解每个 CA 的以下内容很重要：

- **范围**。在敏捷方法中，范围代表规划的故事点总数，以及它们在迭代和/或发布中是如何划分阶段的。

- **计划价值（PV）：**
  - PV 是授权分配给预定工作的预算。
  - 在敏捷环境中，PV 是在所有迭代中估算的用户故事大小的总和，是在规划的时间点上要完成工作的预算。

- **挣值（EV）：**
  - EV 是对已完成工作的度量。
  - 在敏捷环境中，EV 代表已完成工作的价值（用每次迭代中所有已完成用户故事的故事点总数乘以已完成的迭代次数来测量），也可以用该工作被授权的预算（按人力成本计算的故事点）来表示。EV 可以汇报截至目前的累计情况或特定报告周期的情况。

- **完工估算（EAC）：**
  - EAC 是完成所有工作的预期总成本，表示为截至目前的实际成本和完工尚需估算（ETC）的总和。
  - 在敏捷环境中，EAC 是敏捷工作的预期总成本，用实际成本（已完成的故事点总数×每个故事点的团队人力成本）+完工尚需估算（平均速度×规划中剩余迭代的次数×每个故事点的团队人力成本）来计算。

- **关键假设**。在敏捷环境中，关键假设是已完成的故事点与计划发布的故事点总数的比率，它是实际完成百分比的一个很好的测量指标。

项目团队需要决定如何将迭代映射到 PMB 结构中的 CA 层级或 WP 层级。将敏捷工作映射到 EV 结构后，可在每次迭代结束时，用 EVM 指标来测量解决方案完成的增量进度（累积速度）。有关将敏捷工作转换为符合 EVM 报告需求的更多详细信息，见第 4.5.1.1 节。有关计算敏捷工作的实际 EVM 的更多详细信息，见第 4 章和附录 X4。

一旦收集了所有信息（范围、PV、EV、EAC 和关键假设），项目经理就可以与 CA 或 WP 中的各敏捷团队一起设定基准。在确定敏捷团队的进度时，要记住的一件重要事情是，在迭代结束时，用户故事要么完成要么没有完成，团队不应该因未完成的用户故事而获得部分工作量的记录。未完成的用户故事不存在完成百分比或部分价值。

基于产品路线图和产品愿景，敏捷发布规划为产品演化提供了发布进度的高层级汇总时间线（通常为 3~6 个月）。敏捷发布规划还确定了要开发的功能，以及发布规划中的迭代或冲刺的次数。它还允许产品负责人和团队一起，根据业务目标、依赖关系和障碍来决定需要多大的开发范围，以及需要多长时间才能得到可发布的产品。有关在敏捷环境中进行规划的更多详细信息，见《PMBOK®指南》的第 6.5.2.8 节。

由于功能代表着产品对客户的价值，时间线提供了一个更容易理解的项目进度计划，因为它定义了在每次迭代结束时可以提供哪些功能，这就是客户正在寻找的信息。该方法将敏捷团队的可交付进度映射到 PMB 结构的时间线上。当然，有不止一种方法能够进行这种映射（见图 3-10 中的示例）。

第 4 章

执行和监控

执行过程组是完成项目管理计划中确定的工作,以满足项目需求的一组过程。

监控过程组由以下过程组成:(a) 跟踪、审查和调整项目进展与绩效;(b) 识别必要的计划变更;(c) 启动相应的变更。

4.1 概述

如第 3 章所述,使用挣值管理(EVM)的一个优点是,它鼓励、强化并在某些情况下要求落实项目规划的最佳实践。因此,我们相信 EVM 能提升项目的规划过程。在开展执行和监控过程时,EVM 带来了新的概念和要素,这些概念和要素都是运用 EVM 所特有的,否则它将无法实施。图 4-1 描述了《PMBOK®指南》中的项目管理过程组,以及在项目中与使用 EVM 相关的过程。图 4-1 对本章的整体结构也进行了概述。

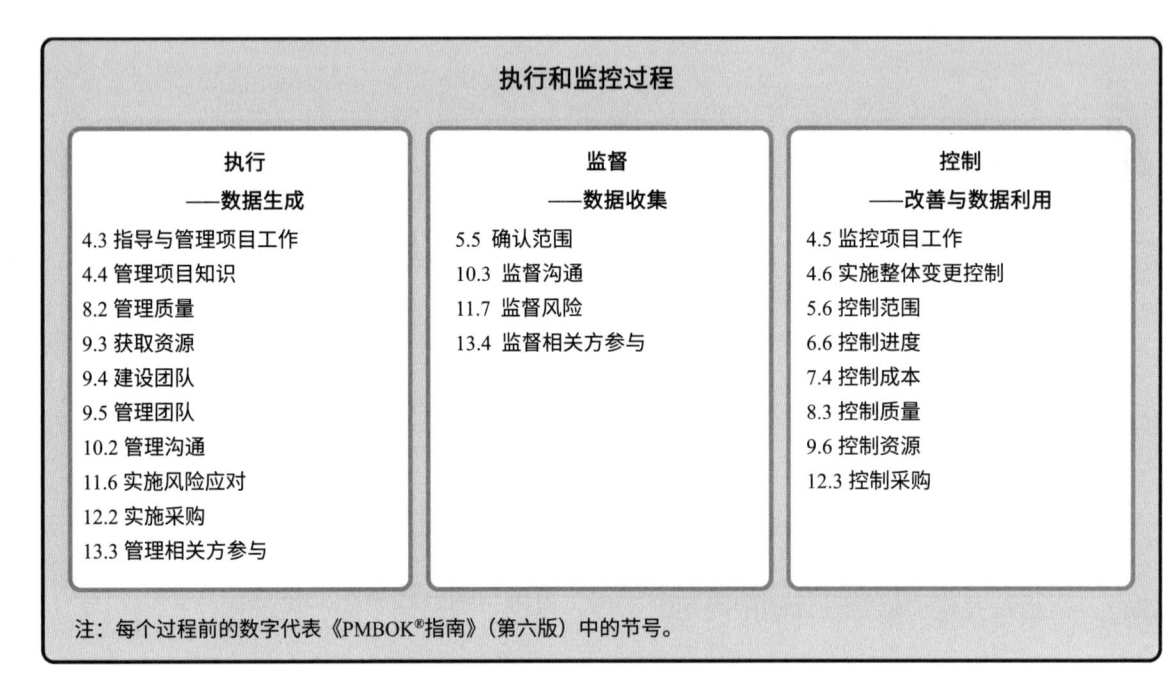

执行和监控过程		
执行 ——数据生成	监督 ——数据收集	控制 ——改善与数据利用
4.3 指导与管理项目工作 4.4 管理项目知识 8.2 管理质量 9.3 获取资源 9.4 建设团队 9.5 管理团队 10.2 管理沟通 11.6 实施风险应对 12.2 实施采购 13.3 管理相关方参与	5.5 确认范围 10.3 监督沟通 11.7 监督风险 13.4 监督相关方参与	4.5 监控项目工作 4.6 实施整体变更控制 5.6 控制范围 6.6 控制进度 7.4 控制成本 8.3 控制质量 9.6 控制资源 12.3 控制采购

注：每个过程前的数字代表《PMBOK®指南》（第六版）中的节号。

图 4-1　挣值（EV）：执行和监控过程

在开展执行和监控过程时，项目团队通过使用 EVM 系统（EVMS）来及时获取核实过的项目绩效信息和指标，以创建最客观、准确和及时的项目绩效报告，并力求达到：

◆ 消除或减少不希望出现的偏差。

◆ 利用各种机会来提高项目绩效及其商业价值。

◆ 使所有干系人都参与进来，以便对项目如何展开达成共识。

◆ 使管理层和干系人都参与到制定和支持有效的项目管理决策中来。

在项目管理的执行、监控阶段，EVMS 是管理项目绩效的主要基础，可能要与其他项目分析工具（如关键路径分析法）联合使用。这包括（a）测量、分析和报告绩效；（b）根据需要采取纠正措施和预防措施；（c）管理项目变更；（d）维护绩效测量基准（PMB）以确保可追溯性和完整性。

数据收集过程应该到位，以确保用于生成绩效指标的数据具有及时性和一致性。这些数据包括：(a) 项目范围和技术绩效；(b) 时间和进度；(c) 资源消耗和相关成本。数据是基础，通过生成的各种绩效指标，可对项目绩效及其原因进行审计和客观分析。

绩效分析对已发生的偏差和未来的项目趋势提供洞察。这对管理层和项目干系人参与最佳规划方案，支持所需的决策，推动项目绩效的改善都是至关重要的。基于 EVM 的绩效管理对改善汇报和沟通的有效性及质量也很重要，能激发开放和积极的项目管理文化，增加干系人之间的信任感。

有效的 EVMS 为持续控制范围、成本和进度创造了机会。当项目变更获得批准，PMB 会被更新，其可追溯性和完整性得到维护。这是 EVMS 的一个重要方面，因为基准是测量绩效的手段。这个过程应该是及时且严格的，它应该确保已与干系人进行了的充分沟通。

在项目管理中，项目团队寻求对项目管理计划和支持性管理流程进行持续改进。EVMS 也遵循同样的原则。在开展执行、监控过程时，运用 EVMS 能提供信息和经验，这些可以作为持续改进的基础。这使 EVMS 能更有效和更高效地帮助项目团队将项目推向成功。通常，在规划期间设计 EVMS，但往往需要在整个执行过程中对其调整。这些调整的例子包括：持续收集数据，培训干系人，改善沟通，修改角色和责任，改进信息系统，或者更改报告格式以处理新出现的高优先级事务。

4.2 执行

在执行过程时，会产生关于项目实际绩效的数据。此时，项目范围已经完成，大部分的项目预算、资源和时间已被消耗。在本标准中，执行的目标不是《PMBOK®指南》中列出的过程，而是关注基于 EVM 进行决策所需的管理活动——实施 EVM 系统和开发 EVM 的具体能力。

4.2.1 系统实施

如第 2 章所述，EVMS 包括工作流程、干系人的角色与责任、配套的 IT 基础设施和流程负责人。虽然所需的工作和投入因不同的项目情况可能有所不同，但作为可交付物，EVMS 的实施将成为项目范围的一部分。因此，它被纳入了项目管理计划。

第 3 章提到了在规划项目时如何使用 EVMS，第 4 章概述了 EVMS 的实施和使用。该过程遵循了与项目管理要求相适应的时间轴。

一旦实施了 EVMS，与范围、进度和成本数据相关的信息就可用来分析项目绩效。这为领导层提供了有效、及时的预测和反馈，以指导他们制定项目管理决策，实现项目的最终成功。

为了项目的整体利益，有效实施并使用 EVMS 需要干系人具备系统交互能力，以及充分利用 EVMS 提供的信息所需要的知识、技能和能力。这些能力应该被验证和监督，在必要时，应考虑进行额外的培训。

4.2.2 能力与能力开发

根据《PMBOK®指南》的第 9.4 节（建设团队过程），通过审查项目管理计划、项目文件、事业环境因素（EEF）和组织过程资产（OPA），来确定干系人在项目管理方面的能力是否有待开发和提高。尤其是部署和使用 EVMS 的能力，以及有效应对项目管理的环境需求所需具备的知识、技能和能力。

4.2.2.1 专业发展

专业发展对组织的成功发挥着日益重要的作用。个人和团队应具备绩效管理能力，这能提高项目组合、项目集及项目层面的生产力。这些能力主要包括对 EVM 和基础学科的培训，如进度安排、成本估算和风险管理。有关该能力的更多信息，可以参考《项目经理能力发展框架》[10]。为实现有效的绩效管理，组织应进行持续的、系统的投入，完善成功应用 EVMS 所需的多个要素（如知识、经验、态度、能力和技能）。尤其是那些强矩阵和项目导向型的组织很注重知识分享，通常会通过员工发展计划将培训纳入绩效管理。这类培训关注知识分享，可以成为学习型组织日常活动的一部分。出于提高收益的目的，EVM 的培训可以关注短期回报。及时培训有助于从实施的早期阶段就获得高级管理层的持续参与。

项目经理和负责管理 EVMS 的人员应主动与各个项目的干系人互动，对干系人产生正面的影响，以满足项目的多种需求。项目经理应寻求各种方法来拓展人际关系，从而帮助团队实现项目目的和目标。此外，他们还在组织内扮演着强有力的倡导者角色。

根据组织结构，负责 EVMS 的项目团队成员可能向职能经理报告，而在其他情况下，项目经理可能向 PMO、项目组合或项目集经理报告。PMO、项目组合或项目集经理对整个组织范围内的一个或多个项目承担最终责任。在这种情况下，为了实现项目目标，项目经理需要与项目组合或项目集经理紧密合作，以确保项目管理计划符合所在项目组合或项目集的计划。

4.2.2.2 专业学科

持续的知识传递和整合对于有效管理项目和 EVMS 都是非常重要的。项目管理专业和由项目团队担任主题专家的相关领域（如 EVM）都在持续推进相应的知识传递和专业发展。知识传递和整合包括（但不限于）：

- ◆ 在当地、全国和全球层面（如实践社区、国际组织）与他人分享知识和专业技能。
- ◆ 参与继续教育和发展。
  - ■ 本专业（如大学和 PMI）。
  - ■ 相关专业（如系统工程和配置管理）。
  - ■ 其他专业（如信息技术和航空航天）。

4.2.2.3 行业趋势

项目团队，尤其是负责管理 EVMS 的人员，都应该了解当前行业的趋势，并不断评估，以确定新趋势将如何影响当前项目，或者如何将新趋势应用于当前项目。这些趋势包括（但不限于）：

- ◆ 适合复杂环境的敏捷方法。
- ◆ 产品开发。
- ◆ 标准（如项目管理标准、合同管理标准、质量管理标准和敏捷方法）。
- ◆ 技术支持工具。
- ◆ 影响当前项目的经济因素。
- ◆ 影响项目管理规范的因素。
- ◆ 可持续发展战略。

4.2.2.4 开发能力与技能

如第 4.2.2 节所述，项目管理计划应包括成功实施 EVMS 所需的能力与技能，还包括主动识别所有干系人在使用 EVM 的过程中可能需要提升或开发的技巧和知识。

开发能力与技能的主要目标是，确保具有足够的个人能力和组织能力，以解决与使用 EVMS 相关的问题。例如，运用 EVM 要具有估算成本、规划进度和管理风险的能力，同时为了支持这些领域，与成熟实践相关的组织资源和流程必须到位。

在执行过程中，确保能及时实施计划内的活动是重要的。同时，监控活动的有效性，以及根据需要识别、规划和执行额外的活动也都是重要的。

4.3 收集数据

为了测量和分析项目的绩效，先要为项目的每个关键绩效维度（范围、进度和成本）收集数据。成本管理计划、进度管理计划、范围管理计划，以及项目管理计划的任何其他附属管理计划

(见《PMBOK®指南》第 4.2.3.1 节)为数据收集过程、绩效测量方法、划分时间段以及代入 EVMS 所需的货币单位提供了指导。

EVM 的数据收集和分析过程在规划阶段被设计出来,并在执行、监控过程中不断被改进。为确保 EVMS 的有效性和高效性,并能为整个项目管理过程增加价值,数据收集工作应与项目规模、复杂度及对组织的重要性相匹配。

利用组织(如 OPA)中已有的数据收集过程被视为最佳实践。在规划阶段提高 EVMS 的数据质量和效率,在执行阶段识别所需的资源并确保可用性都是该过程所追求的。

4.3.1 范围数据

在项目执行期间,已完成的范围所产生的数据(范围实现数据)将被收集到控制账户(CA)下的工作包(WP)中。在必要时,收集范围数据可以确保在某个特定的时间点,特别是在每个项目监控周期(如周、月)结束时,对已完成的范围数量进行充分的测量。收集的范围实现数据包括项目的进展信息:已开始交付的可交付物或工作包、它们的进度、即将开始的活动、已完成的活动。此类信息一旦被收集,将会用于确定和测量第 4.4 节所列的 EV 及其他 EVM 指标。

要收集的范围数据主要依赖于在规划期间为可交付物或工作包建立的测量方法(见第 3.2.2.2 节),例如:

- **物理范围单位**。示例包括米(m)、平方米(m^2)、立方米(m^3)、页数、图纸数量、已安装管道的长度、浇筑的混凝土方量、故事点、功能点。
- **里程碑或事件**。示例包括已开始的、已提交草稿的、待审核的、已批准的。
- **资源的消耗量**。示例包括人时、人月。
- **时间的消耗量**。示例包括天数、周数和月数。

更多的示例说明,见附录 X4。

4.3.2 进度数据

进度基准代表着按时间段来执行项目的工作范围。在某个特定的时点上，特别是在每个项目的监控周期结束时，收集进度数据可以帮助确定和测量已完成的项目范围，并可以用于估算预期的持续时间、开始日期和完工日期。进度数据至少包括如下的项目进度内容：

◆ 已启动活动的实际开始日期。

◆ 已完成活动的实际完成日期。

◆ 更新的未启动活动的开始日期估算。

◆ 更新的未完成活动的完成日期估算。

◆ 更新的依赖关系（逻辑上的）及相关的提前量和滞后量的估算。

虽然进度基准没有发生变更，但鉴于当前的项目状态，应将项目未来计划的进度更新反映给项目团队，特别是 CA 经理，以便产生最佳估算。

4.3.3 成本数据

需要在某个特定的时点上监控项目，特别是在每个项目监控周期（如周、月）结束时，收集成本数据可用来确定资源消耗所产生的实际价值。资源消耗所产生的实际价值可以衡量整个组织为完成项目范围所付出的努力。收集的成本数据也可用于估算尚未完成的项目范围预期消耗的资源。收集的成本数据应与绩效测量基准（PMB）中确定的成本数据考核依据保持一致。

如第 3.2.3 节所述，在评估预算和实际资源消耗时，最通用的计量单位是货币单位（美元、欧元、英镑或其他货币）。也可以使用其他单位来评估预算和成本，如工时（人力资源的投入）。其他单位通常侧重于某个特定资源或成本要素（整个组织投入的与管理目的更相关的要素）。当使用其他单位时，必须确保测量组织工作量（以资源消耗的形式）所用的成本数据是由为执行项目而选择的方法测量出来的。该测量方法不应与范围完成（范围数据）的测量方法相混淆。

总之，收集的成本数据包括已授权的和已发生的投入量的信息，还可能包括直接成本和间接成本。成本数据用来测量已投入的工作内容，而范围数据则用来测量已交付的工作内容。投入量的信息一旦被收集、处理和组织，将用来确定截至目前的实际成本。

4.4 管理绩效

管理绩效是将实际成本、进度和范围的完成情况与绩效测量基准（PMB）进行比较的过程，目的是分析和诊断控制账户（CA）及整个项目的状态，只要信息充分，就应做出适当的决策来提升项目绩效。绩效分析为预期的最终成本、完成的进度及对风险环境的理解提供早期的信息或趋势分析。该分析对项目的未来绩效、结果的预测及趋势提供支持，并为所需的基准变更提供信息。

通过在项目中部署 EVMS，可以产生有关项目成本、进度、范围（在过去、现在和未来的环境中）的多种测量指标。这些指标以多种数据形式和/或图形来呈现，为将项目的共同理解传达给所有干系人提供了一种有效的手段。

管理绩效要求，为 EVMS 提供及时且同步的大量输入数据。项目管理计划的以下组件可以用来分析项目绩效：

◆ **绩效测量基准**（PMB）。绩效测量基准可通过将实际绩效与计划绩效对比来确定项目状态。

◆ **偏差临界值**。偏差临界值是根据项目团队、管理层、发起人和其他干系人的容忍度来建立的可接受的偏差范围。它是实施异常管理（例如，一旦超过临界值，可能要求项目发起人和/或项目治理委员会进行干预）的基础。

◆ **项目管理子计划**。成本管理计划、进度管理计划、范围管理计划、风险管理计划和其他项目管理计划为管控项目提供了指导。

绩效分析有赖于工作绩效信息，工作绩效信息是从收集到的有关项目进展的数据中产生的，尤其是第 4.3 节所述的绩效的三个维度：范围、进度和成本。

EVM 绩效分析有赖于某个给定的时间点上的数据，如下：

- ◆ **计划价值（PV）**。为计划工作分配的经批准的预算。在给定的时间点上，PV 是为计划完成的工作量而分配的全部预算。

- ◆ **挣值（EV）**。对已完成工作的测量，用该工作的已批准的预算来表示。在给定的时间点上，EV 是为已完成的工作量而分配的全部预算。

- ◆ **实际成本（AC）**。因执行项目活动而实际发生的成本。在给定的时间段内，AC 是已完成工作所产生的资源消耗的成本。

- ◆ **挣得进度（ES）**。在给定的时间点上，ES 是基准中为已完成的累计工作量所分配的时间。

- ◆ **实际时间（AT）**。在给定的时间点上，AT 是已完成的累计工作量所实际消耗的时间。

- ◆ **完工预算（BAC）**。为将要执行的工作所建立的全部预算的总和。BAC 是为完成整个工作范围而批准的全部预算。

- ◆ **完工进度（SAC）**。为完成整个工作范围而建立的总计划工期。

PV 和 BAC 都体现在 PMB 中。EV 和 AC 的数值随着项目收集到的数据而更新。EV 可以通过多种方法来确定。EVM 被用于规划项目基准，在项目执行期间，也可持续被用来确定 EV。ES 是由 EV 和 PMB 推导而来的。AT 记录的是累计 EV 所花的时间。

图 4-2 是 EVM 数据点的图形化展示，显示了绩效不佳和绩效优良这两种情况。可以看出，项目已完成的工作量可能多于或少于 PMB 中计划的工作量。

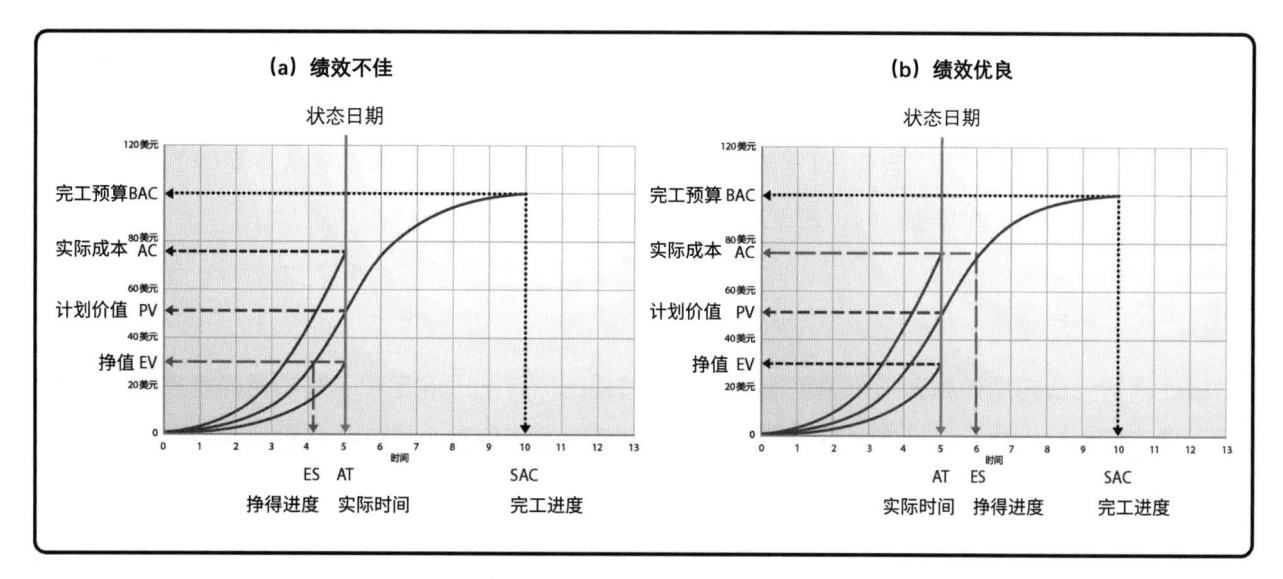

图 4-2　EVM 绩效数据点图示

当 EV 小于 PV 时，表明项目中落后于进度的总工作量（负偏差）大于提前于进度的总工作量（正偏差）。相反，当 EV 大于 PV 时，表明项目中提前于进度的总工作量（正偏差）大于落后于进度的总工作量（负偏差）。需要注意的是，总体正偏差并不一定意味着工作正以进度基准中计划的顺序在执行。

在项目中，就已完成的工作量（EV）而言，基于基准，一定量的时间已经被消耗。ES 就代表这个时间，是当前为挣得 EV 所花的时间。例如，如果 ES=4 个月，这意味着截止到目前，完成工作总量需要 4 个月。如图 4-2 所示，将 ES（完成既定的工作量所需花费的时间）与 AT（实际消耗的时间）进行比较，偏差表明已完成的工作量所花费的时间比计划花费的时间更多或更少。需要注意的是，与 EV 和 PV 一样，当 ES 等于或大于 AT（正偏差）时，并不一定意味着工作正以进度基准中计划的顺序在执行。

将 AC 与 EV 进行比较，偏差表明成本节约或成本超支。AC 和 EV 均针对同一范围，其中，AC 是实际发生的成本，而 EV 是相同范围内的预算。如图 4-2 所示，已完成工作的实际成本可能高于或低于基准中同样工作的计划预算。当 AC 等于或小于 EV（正偏差）时，总的成本节约大于可能的成本超支。反之，当 AC 大于 EV（负偏差）时，总的成本超支大于可能的成本节约。

4.4.1 应对偏差

EVM 绩效分析包括计算若干个偏差指标，这些偏差指标有助于确定和了解项目的状态。EVM 的好处是，它能尽早提供信息，以便通过管理上的干预来高效处理偏差。它还可以指明风险管理过程何时无效，何时需要改进。

偏差是相对已知基准或预期值的偏离量。在 EVM 中，偏差分析是对基于 PMB 的范围、进度和成本偏差的解释，包括原因、影响及纠正和改进措施（根据需要选择合适的措施）。

4.4.1.1 成本偏差

成本偏差（Cost Variance，CV）是指，基准中已完成的工作所获批的预算与完成该工作实际消耗的资源成本之间的偏差。它回答了如下与成本绩效相关的管理问题：

◆ 为已完成的工作所花费的成本，与预算相比是多还是少？

◆ 我们多花了多少钱或少花了多少钱？

使用在 EVMS 中所选的计量单位来测量预算和实际发生的成本（见第 4.3 节），即 CV。CV 测量的是已完成工作的成本偏差情况，即已完成的工作所花费的成本是多了还是少了。

截至审查的时间点，CV 的公式为：

$$CV = EV - AC$$

当 CV 等于 0 时，意味着已完成的工作所花费的成本等于计划的预算。当 CV 为负值时，意味着已完成的工作所花费的成本高于计划的预算。当 CV 为正值时，意味着已完成的工作所花费的成本低于计划的预算。CV 也可以用相对于 EV 的百分比来表示：

$CV_w\% = CV/EV$

图 4-3 展示了成本偏差。

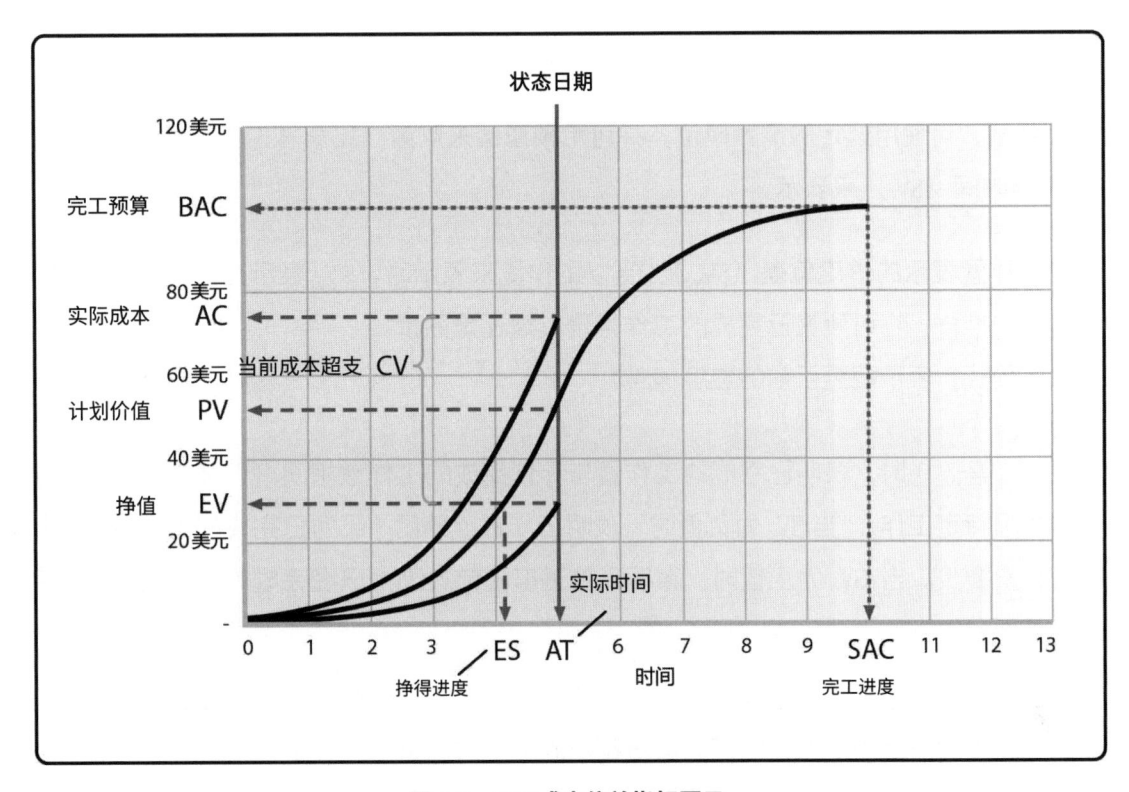

图 4-3　EVM 成本偏差指标图示

CV 可以用来计算累计偏差，除此以外，还可以通过定期计算 CV 来分析每个时间段内产生的具体偏差及其对总体累计偏差的影响。

4.4.1.2 进度偏差

进度偏差（Schedule Variance，SV）是一种测量指标，反映了在当前时间点上，计划完成的工作量与实际完成的工作量之间的偏差。它回答了如下与进度绩效相关的管理问题：

- 截至目前，与计划相比，已完成的工作量是多还是少？
- 基于已完成的工作量，与计划相比，实际花费的时间是多还是少？
- 与计划相比，我们多花了多少时间（或者少花了多少时间）？

对于工作量，可使用选定的测量单位，并可用预算值来测量（见第 4.3 节）。SV 还可以用工作量（SV_w）或工作时间（SV_t）来表示。

- **以工作量表示的进度偏差**（SV_w）。当以工作量来表示时，SV_w 表示工作量的偏差。随着工作时间的推移，它可测量已完成的工作量是欠缺还是盈余。

  以下公式，表示截至目前的进度偏差：

  $SV_w = EV - PV$

  当 SV_w 等于 0 时，表明已完成的工作量与计划完成的工作量相同（但并不代表完成了计划中的某项特定工作）。当 SV_w 为负值时，表明工作进度落后，因为已完成的工作量比计划完成的工作量要少。当 SV_w 为正值时，表明工作进度提前，因为已经完成的工作量比计划完成的工作量要多。

- **以工作时间表示的进度偏差**（SV_t）。当以工作时间来表示时，SV_t 表示工作时间的偏差。随着已完成的工作量的增加，它可测量所花费的工作时间是多还是少。

  EVM 涵盖了 ES 的概念，即用工作时间来测量进度的偏差和绩效，而非使用工作量。多数 EVMS 运用工作量的概念来测量时间绩效，如前所述，可以在图 4-3 的预算（y）轴上来测量 SV。进度偏差也可以在时间（x）轴上来测量，通过对比已完成的工作量所花费的时间与完成相同工作量（但不一定是相同的工作）预计花费的时间（根据基准）之间的差异来呈现。在本方法中，SV_t 是对时间偏差的测量。

截至检查的时间点,进度偏差可以使用以下公式:

$SV_t = ES - AT$

当 SV_t 等于 0 时,表明截至目前,已完成的工作量所花费的时间与计划花费的时间相同(但并不代表完全按照进度计划执行)。当 SV_t 为负值时,工作进度落后,因为完成当前的工作量所花费的时间比计划花费的时间多。当 SV_t 为正值时,工作进度提前,因为完成当前的工作量所花费的时间比计划花费的时间少。

这两个进度偏差指标都可以用相对于 PV 和 ES 的百分比表示:

$SV_w\% = SV_w / PV =$ 工作量偏差/计划价值

$SV_t\% = SV_t / ES =$ 工作时间偏差/挣得进度

◆ **SV_w 与 SV_t**。这两个偏差指标对分析偏差和应对偏差都非常有用,因为它们从两个不同的维度提供了相辅相成的信息,而这两个维度对绩效管理尤为重要。

例如,截至目前,实际完成的工作比计划完成的工作少 20%,并且工作时间比计划多花了 1 个月。在这个例子中,$SV_w\% = -20\%$,$SV_t = -1$ 个月,图 4-4 呈现了这两个偏差指标的绝对值。这两个偏差指标是互补的,可根据时间效率和工作量绩效来评估项目的现状。SV_w(基于工作量的偏差)的运用更为广泛,因为它能解释偏差的缘由(范围实现的不足或超出),而非其影响(当前的工作时间偏差)。如果管理层能够干预,加速或减慢项目的执行,那么在计算未来所需的执行率时,应该关注并考虑 SV_w。SV_t 是用来测量对当前造成亏损或盈余的时间影响的指标。在范围执行率不能有重大变更的场景中(例如,绘制密闭空间,如潜艇的内部),SV_t 对评估项目进度的影响会更有效。但就绝大多数的项目范围而言,在现代工作流程和技术中,有很多种方式可以改变工作的执行率。

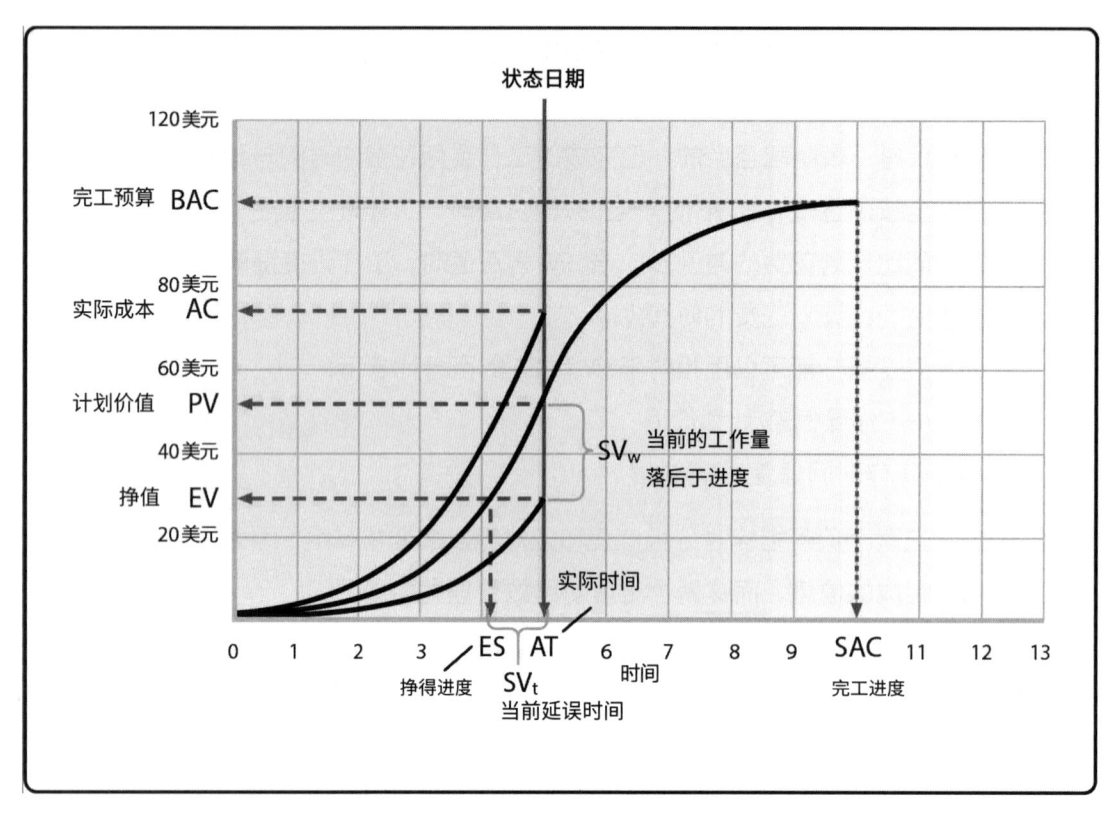

图 4-4　EVM 进度偏差指标图示

与 CV 一样，也可以通过定期计算 SV 来分析每个时间段内产生的具体偏差及其对总体累计偏差的影响。然而，在对阶段性的 SV 进行解释时，需要注意"工作未按顺序执行"的情况。

4.4.1.3　绩效指标

EVMS 能提供另一种基于比率的绩效测量指标，这种指标为了解项目当前的绩效及其原因、目标的可行性和未来趋势提供了辅助信息。

◆ **成本绩效指数（CPI）**。测量成本效率的一种指标，表示为 EV 与 AC 之比。CPI 的公式为：
CPI=EV/AC
- CPI 等于已完成工作的预算/已完成工作的实际成本。
- CPI 可衡量每单位实际成本所产生的工作量。

例如，当 CPI=0.8 时，表明每发生 1 单位的实际成本，只完成了 0.8 单位的工作量。如果成本和预算都以货币价值来衡量，那么平均每花费 1 美元[1]，只产生了 0.8 美元的工作量（预算超支）。在基准中，每发生 1 单位的成本预计产生 1 美元的工作量。

TCPI（完工尚需绩效指数）=（BAC−EV）/（BAC−AC）

- TCPI 等于剩余的工作量/剩余的预算量。

- TCPI 可测量未来每单位成本需要产生多少工作量，以使项目按预算完工（假设仍有预算可用，因此 BAC>AC）。

例如，当 TCPI=1.2 时，表明每花费 1 单位的剩余预算应产生 1.2 单位的工作。如果成本和预算都以货币价值来衡量，那么在未来平均每花费 1 美元应产生 1.2 美元的工作量。TCPI 还可以用来对潜在的预算进行审查，或者对新的目标成本（假设情景分析）进行计算。此时，用 EAC_c（新的预算或目标成本）取代分母中的 BAC 而得到新的预算或目标成本。

TCPI 能评估项目未来的剩余情况，能主动评估预算是否充足以完成相应的工作量，以及未来所需的成本效率。在一个成熟的组织中，标杆对照可以像 TCPI 一样，用来评估能否达到高于基准的某个绩效水平，或者是否需要考虑变更项目。

◆ **进度绩效指数（SPI）**。SPI 是基于已完成工作所花费的时间来测量进度效率的一种指标。公式如下：

SPI_w（以工作量表示的进度绩效指数）=EV/PV

- SPI 等于已完成的工作量/计划完成的工作量。

- SPI 可测量在每单位时间内平均完成的工作量所占的百分比，根据基准，每完成 1 单位的工作量应花费 1 单位的时间。SPI 可测量已完成工作的实际速率与基准中的预期工作速率的比值。

例如，当 SPI=0.6 时，表明每单位时间内平均应完成 1 单位的工作量，而实际上仅完成了 0.6 单位的工作量。实际工作速率仅为基准中计划的 60%。因此，工作正以 60% 的速率较慢地执行。

---

[1] 本标准中的所有费用均以美元计价。

$TSPI_w$（以工作量表示的完工尚需进度绩效指数）=（BAC-EV）/（BAC-PV）

- TSPI 等于实际剩余工作量/计划剩余的工作量。
- TSPI 可测量未来每单位时间内需要完成的工作量，每单位时间是指，为了按时完成项目，1 单位的工作量计划花费的时间。TSPI 可测量，在剩余的时间内，所需达到的未来工作速率与该时间内计划工作速率的比值。

例如，当 TSPI=1.3 时，表明原计划每单位时间要完成 1 单位的工作量，但在剩余时间内，每单位时间需要完成 1.3 单位的工作量。如果想按时完工，在剩余的时间内，未来的工作速率需要达到基准中计划工作速率的 130%。因此，需要将工作速率提高 30%。$TSPI_w$ 也可以就潜在的范围变更（假设情景分析）进行计算，此时，用 EAC_c（新的预算或目标成本）取代分母中的 BAC。

SPI 和 TSPI 可以基于图 4-4 中（y）轴的预算来测量相对的工作量。与进度偏差（SV）相同，SPI 和 TSPI 也可以基于（x）轴的时间来测量：

SPI_t（进度绩效指数）=ES/AT

- SPI_t 等于已完成的工作量计划花费的时间/已完成的工作量实际花费的时间。
- SPI_t 可测量完成每单位的工作量平均消耗时间的百分比。

例如，当 SPI_t=0.7 时，表明完成每单位的工作量应消耗的时间是实际消耗时间的 70%。例如，完成每单位的工作量原本只需花费 7 天时间，实际上则花费了 10 天才完成。每单位的工作量平均花费的时间比基准中计划的要长（10 天，而非 7 天）。因此，项目工作执行得较慢。

$TSPI_t$（完工尚需进度绩效指数）=（SAC-ES）/（SAC-AT）

- TSPI 等于为剩余工作计划花费的时间量/实际剩余的时间量。
- TSPI 可测量，为按时完工，对于剩余的每单位时间，需要完成进度基准中多少时间的工作量。换句话说，它测量的是，为完成剩余工作，与计划的工作速率相比，未来所需达到的工作速率。

例如，当 $TSPI_t$=1.5 时，表明在剩余时间内，平均每单位时间需要完成的工作量所对应的是基准中 1.5 个时间单位的工作量。例如，如果在剩下的 10 天时间内完成的剩余工作量是基准中计划 15 天要完成的，那么在剩余时间内，每天需要完成基准中花费 1.5 天才能完成的工作量。

如果要按时完工，对于剩余的相同工作量，未来需要达到的工作速率是基准中计划工作速率的150%。因此，工作需要执行得更快。例如，每个月需要完成基准中原本花费1.5个月才能产生的工作量。$TSPI_t$也可以就潜在的进度变更（假设情景分析）进行计算，此时，用EAC_t（修订后的工期）取代分母中的 SAC。

作为传统的基于工作量的进度绩效指标的替代方法，基于工作时间的进度绩效指标虽然不太直观，但已经受到了EVM从业人员社区的关注。当工作落后于基准中的完工日期时，基于工作量的SPI是否代表整体进度落后仍存在争议。因此，它不是预测完工偏差的可靠指标。但为了预测，在进度落后的情况下，可以对基于工作量的SPI进行调整以提供一致且有效的对未来趋势的预测。

SPI=（EV/PV）×（SAC/AT）

适用于 AT>SAC，即当项目完工时间超期的情况。

TSPI是评估项目剩余的未来工作量的重要指标。它主动评估剩余时间是否足以完成项目，并确定未来所需达到的工作效率。同样，在一个成熟的组织中，标杆对照可以像TSPI一样，用来评估能否达到高于基准的某个绩效水平，或者是否需要考虑变更项目。

表 4-1 总结了 EVM 绩效指标的公式。

表 4-1　EVM 绩效指标公式

指标	过去	未来
成本绩效	• CPI = EV/AC	TCPI =（BAC − EV）/（BAC − AC） 假设情景分析：$IEAC_c$代替 BAC TCPI =（BAC − EV）/（$IEAC_c$ − AC）
进度绩效	• SPI_w = EV/PV 　　适用于：AT ≤ SAC • SPI_w =（EV/PV）×（SAC/AT） 　　适用于：AT > SAC • SPI_t = ES/AT	• $TSPI_w$ =（BAC − EV）/（BAC − PV） • $TSPI_t$ =（SAC − ES）/（SAC − AT） 假设情景分析：$IEAC_c$代替 BAC 　　　　　　　$IEAC_t$代替 SAC • $TSPI_w$ =（BAC − EV）/（$IEAC_c$ − PV） • $TSPI_t$ =（SAC − ES）/（$IEAC_t$ − AT）

当一个组织能成熟运用 EVM 时，可以从过往项目的历史数据中得出偏差临界值，绩效指标可以与作为控制界限的偏差临界值进行比较。当绩效指标在偏差临界值内波动时，无须采取纠正措施。当波动超出偏差临界值时，可以将绩效指标作为一个预警信号，并采取建议的纠正措施来应对负面绩效，或者充分利用观察到的正面绩效。基于偏差临界值的方法也可用于实施异常管理。

4.4.1.4 潜在的偏差原因

一旦识别并测量了偏差，就必须诊断其原因，在必要时采取措施，以减轻或提高其对项目的影响。

有效的管理并不是为了消除偏差。相反，有效的管理要识别和测量偏差，了解其原因，并在必要时采取行动。这是一个持续的过程，负的偏差要尽早处理，以防传播和连锁反应，同样，也可以利用正的偏差，将其作为提高项目最终绩效的机会。

EVM 指标有助于分析偏差，并通过出现偏差的领域来提供详细、可见的信息。

◆ 可以通过 WBS 的不同层级来确定偏差较大的范围组件，从而定位偏差的原因；

◆ 可以针对项目范围的特定要素来计算偏差，例如：

- 分配给某承包商或职能单元的范围。
- 工作类型（如工程、挖掘、编程）。
- 开展工作的资源类型。

这种自上而下的分段分析法对于了解哪些环节、哪些人员和哪种工作类型的绩效是优良还是欠佳非常有用。该分析法关注那些最需要纠偏的地方。

当一个组织成熟运用 EVM 时，可以利用 EVM 指标、绩效指标和基于历史数据及经验教训的潜在偏差原因，来获取针对项目状态的关联信息。换言之，可以将常见"症状"始终与潜在"病因"相关联，如表 4-2 所示。

表 4-2 潜在的偏差原因

	SPI<1（进度落后）	SPI>1（进度超前）
CPI<1 （成本超支）	估算过低？ 未预料到范围的复杂性？	资源过剩？ 无序地执行项目工作？
CPI>1 （成本节约）	资源匮乏？ 只完成有价值产出的工作？	估算过高？ 范围比预期的要小？实施了高效的风险管理？

一旦诊断出原因，应将其记录下来，以备日后确认和审查。维护观察到的偏差及其诊断的更新记录对于持续改进是至关重要的，它能制定和维护有效的应对措施。当对未来的大型项目进行战略层面的预测并创建项目估算时，这样的记录非常有价值。例如，过去的经验可能表明，导致绩效不佳的某个具体原因在项目中的某个时间段可能持续存在，这会影响 EAC 的计算。

4.4.1.5 潜在管理行动

在识别并记录潜在的原因后，在决定实施前，应为执行影响分析制定一份可能采取的行动清单。

系统使用 EVM 的组织应该能够：

◆ 开发一个知识库，将制定决策的三个关键要素（症状、原因和建议的纠正措施）联系起来。

◆ 将信息记录至现有的组织决策日志。

当缺乏客观或一致的经验证据来支持原因与有效行动间的关系时，决策可能被局限在不太科学的措施上，如一般规律及个人经验和偏好。

值得推荐的做法是，开发一种更为系统的方法来识别可能的行动，通过减轻或提高其对项目的影响来应对偏差。表 4-3 提供了可能的行动措施的示例。

表 4-3 影响分析及潜在行动措施的示例

	SPI<1（进度落后）	SPI>1（进度超前）
CPI<1 （成本超支）	估算过低？ 未预料到范围的复杂性？ 潜在的行动措施： • 削减范围 • 提高预算/延长进度 （当 TCPI 和 TSPI 都高时）	资源过剩？ 无序地执行项目工作？ 潜在的行动措施： • 削减资源 • 为提前完工重设基准 • 控制项目工作顺序
CPI>1 （成本节约）	资源匮乏？ 只完成有价值产出的工作？ 潜在的行动措施： • 增加资源 • 延长进度以重设基准 （当 TSPI 很高时）	估算过高？ 范围比预期的要小？ 实施了高效的风险管理？ 潜在的行动措施： • 扩大项目范围/或质量 • 为降低项目风险，规划额外的风险应对措施 • 为提前完工而重设基准或释放预算

一旦确定了潜在的行动措施，应将该行动措施及其理由一同记录下来，并就其对项目的影响进行深入分析。

4.4.2 预测

随着项目的开展，除了预测完工范围，还可以对成本绩效和进度绩效开展趋势预测。在预测趋势时，应采用情景分析法，并纳入以下影响项目未来的要素：

◆ 过去的绩效。

◆ 发生的风险。

◆ 管理行动。

◆ 审查项目假设条件和制约因素。

未来趋势通常以预测 EVM 数据点的形式被量化，其中包括：

◆ **完工尚需估算**（ETC）。ETC 是为完成控制账户、工作包或整个项目中所有剩余工作预计花费的成本或时间。有两种可能的方法来计算 ETC。其中，一种更详细的方法是，基于对剩余工作的分析，重新进行自下而上的估算。有时，这被称为管理 ETC。

另一种方法是，使用自上而下的参数进行估算，将未来的效率应用于剩余工作。对于成本的估算，公式如下：

ETC=剩余工作量/预计的未来效率=（BAC-EV）/CPI—未来

其中，"CPI—未来"是针对剩余工作而假定的未来成本效率，有几种不同的情况需要考虑。

■ 完工尚需独立估算（IETC）假设没有管理上的干预。常见的 CPI—未来的替代方案有：

○ 未来成本效率将与观察到的以往的平均效率相同。

○ 未来成本效率将与观察到的最近控制阶段内（如月、季度）的平均效率相同。

○ 未来成本效率将基于以往效率的趋势预测（统计得出）。

■ 未来成本效率受管理层干预和/或管理层预计发生的其他事件（如风险和风险应对）的影响。这将导致过去的成本效率发生改变。如果 CPI—未来等于 TCPI，ETC 将等于剩余的预算：BAC-AC。

■ 统计、参数估算或经验分析方法也可用于从以往的绩效指标和其他因素来推断 CPI—未来，其中，一些方法会将以往的 CPI 和 SPI 结合起来使用。

在使用时间效率指标时，可以运用类似的原理和方法来估算项目剩余时间的 ETC。

◆ **完工估算（EAC）**。EAC 是完成控制账户、工作包或具有确定工作范围的整个项目的预期总成本或总时间。

EAC 等于当前花费的成本或时间加上完工尚需估算（ETC），其公式为：

$EAC_c = AC + ETC_c$

$EAC_t = AC + ETC_t$

当独立估算被用于 ETC 时，EAC 通常被称为完工独立估算（IEAC）。

可以使用不同的方法来估算剩余的成本和时间。

◆ **完工差异（VAC）**。VAC 是指预测的趋势与成本和进度基准之间的偏差，它可以用绝对值或占总额的百分比来计算：

$VAC_c = BAC - EAC_c$

$VAC_c\% = VAC_c / BAC$

$VAC_t = SAC - EAC_t$

$VAC_t\% = VAC_t / SAC$

VAC 显示了项目成本和进度的总体偏差趋势，展示了采用或不采用潜在的管理行动的情景。由于不可避免地会出现不可控的结果，潜在的基准偏差的场景（BAC 和 SAC）不应该被接受。相反，这类情景应该被讨论和分析，以形成管理决策的依据。这些决策可能包括：在遵循整体变更控制过程的前提下，改变基准以适应不良绩效，以及抓住良好绩效所带来的机会（见第 4.6 节）。

图 4-5 简要展示了 EVM 趋势偏差及它们与以往偏差的关系。在这个例子中，负的成本绩效趋于部分恢复（$VAC_c < CV$），而进度延误趋于恶化（$VAC_t > SV_t$）。

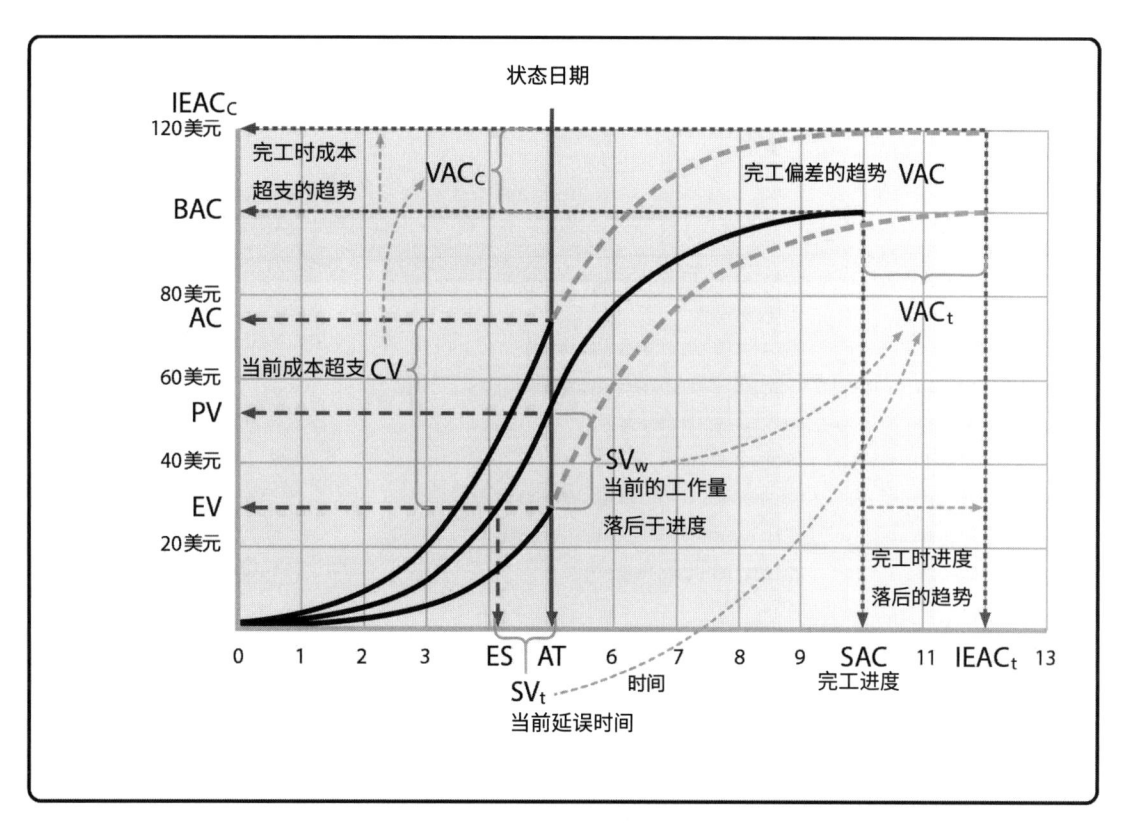

图 4-5 EVM 趋势偏差图示

其他图示见附录 X4。

◆ **完工尚需绩效指数。** 第 4.4.1.3 节描述了有关未来工作的绩效指标，如 TCPI（在预算内完成项目所需达到的绩效）和 TSPI（在工期内完成项目所需达到的绩效）。

在管理层考虑改变基准的情况下，可以根据新的目标来计算这些绩效指数，以评估其是否符合现实。即使运用新的成本目标和时间目标而非当前的基准，公式也相同（见图 4-6）。

项目基准	当前状态
完工估算（BAC）=1000 美元 完工进度（SAC）= 10	实际时间（AT）= 5 计划价值（PV）= 600.00 美元 挣值（EV）= 400.00 美元 实际成本（AC）= 500.00 美元

绩效状态		
成本绩效指数（CPI）= 0.8	以往的成本效率	EV/AC
按预算完工的成本绩效指数（TCPI）= 1.20	在批准的预算内完工所需的未来成本绩效	（BAC-EV）/（BAC-AC）
IEAC$_c$-独立 EAC（成本）= 1250 美元	假设过去的速率将一直持续，完工需要的最终成本	BAC/CPI
VAC$_c$-完工偏差（成本）= -250 美元	项目完成时最终成本的偏差	BAC-IEAC(c)
进度绩效指数（SPI）= 0.67	以往的进度效率	EV/PV
按时完工的进度绩效指数（TSPI）= 1.50	在批准的进度工期内完工所需的未来进度绩效	（BAC-EV）/（BAC-PV）
IEAC$_t$-独立 EAC（时间）= 15	假设过去的速率将一直持续，完工需要的最终工期	SAC/SPI
VAC$_t$-完工偏差（成本）= -5	项目完成时最终工期的偏差	SAC-IEAC(t)

额外工作的预算调整情景分析		
预算调整 = 150 美元	为涵盖以往不良绩效而批准的预算增加	
调整后的预算（新的 BAC）= 1150 美元	新的经批准的预算	BAC+ 预算调整
按新预算完工的成本绩效指数（TCPI）= 1.15	在调整后的预算（新的 BAC）内完工所需的未来成本绩效 =新的剩余工作量/新的剩余预算	（新的 BAC-EV）/（新的 BAC-AC）

进度调整情景分析		
进度调整 = 2	为涵盖以往不良绩效而批准的时间增加	
调整后的进度（新的 SAC）= 12	新的经批准的工期	SAC+ 进度调整
按新工期完工的进度绩效指数（TSPI）= 1.07	在调整后的进度（新的 SAC）内完工所需的未来进度绩效 =新的工作速率/原始工作速率=85.71/80.00	［(BAC-EV)/(新的 SAC-AT)］/［(BAC-PV)/(SAC-AT)］
基准内假定的原始工作速率 = 80.00 美元	原剩余工期（SAC-AT=5 个时间段），假定工作速率为 1 个时间段花费 80.00 美元 =计划的剩余工作/剩余时间=(1000 美元-600 美元)/(10-5)=400 美元/5 个时间段	（BAC-PV）/（SAC-AT）
新 SAC 内假定的新的工作速率 = 85.71 美元	新的剩余工期（SAC-AT=7 个时间段），假定工作速率为 1 个时间段花费 85.71 美元 =当前剩余工作/新的剩余时间=(1000 美元-400 美元)/(12-5)=600 美元/7 个时间段	（BAC-EV）/（新的 SAC-AT）

额外工作的进度和预算调整情景分析		
调整后的预算（新的 BAC）= 1150 美元	新的经批准的预算	BAC+ 预算调整
调整后的进度（新的 SAC）= 12	新的经批准的工期	SAC+ 进度调整
按新工期完工的进度绩效指数（TSPI）= 1.34	按期完工所需的未来进度绩效（在调整进度和预算的情况下） =新的工作速率/基准工作速率=107.14/80.00 新的剩余工期（新的 SAC-AT=7 个时间段）	
在新的 BAC 和 SAC 内假定的新的工作速率=107.14 美元	新的所需工作速率为 1 个时间段花费 107.14 美元 =新的剩余工作/新的剩余时间=(1150 美元-400 美元)/(12-5)=750 美元/7 个时间段	（新的 BAC-EV）/（新的 SAC-AT）

图 4-6　EVM 在新目标下的完工尚需绩效指数的示例

面对 5 个月的潜在进度延迟（$IEAC_t$=15 个月）和由新出现的额外工作而导致的 250 美元成本超支，管理层正在考虑采取一些行动，通过重新规划以在 12 个月内完工（$SAC_{新}$）和/或允许增加 150 美元预算（$BAC_{新}$）以涵盖未来额外工作所需的费用。假设不会出现额外工作（仅调整进度），意味着基准工作速率将提高 7%（$TSPI_{新}$=1.07），这比将工作速率提高 50% 以在 10 个月内完工要现实得多（TSPI=150%）。假设未来会出现额外的工作并相应地调整了预算，成本效率会提高到 1.15，如果没能涵盖这些额外的工作并且也没有调整预算，成本效率将为 1.20。如果工期和预算都得到调整，意味着工作速率将提高了 34%（$TSPI_{新}$=1.34），这仍比不做任何调整而将工作速率提高 50% 更为现实。在批准变更前，管理行动中暗含的所需成本和进度绩效的偏差是用当前基准中绩效的百分比来呈现的。EVM 中的完工尚需绩效指数是一种提供客观信息以评估管理行动的可行性和有效性的手段。

4.4.2.1 范围偏差与绩效

EVM 偏差指标和指数假设范围是固定的，需要全部完成。但在某些情况下，范围是足够灵活的，能适应更严格的成本和时间目标。

依据以往的成本和进度绩效，可以通过调整 EVM 指标来测量范围偏差和最终范围绩效的趋势。例如，以往 CPI 和 SPI 及预期未来的 CPI 和 SPI 均可作为范围完成百分比的函数，能测量原始范围可能完成的比例。当它大于 100% 时，该范围有可能蕴藏着一个机会，管理层可能决定探索此机会。

相反，考虑到需要增加范围，为实现该范围，未来成本和进度绩效的压力可以用所需达到的 TCPI 和 TSPI（未来绩效）来计算。

4.4.2.2 趋势分析

识别绩效指标的趋势有助于项目经理解读或预测潜在的绩效问题。例如，累计 CPI 目前虽在可接受的范围内，但在几个测量周期内该指数一直下降，趋近预先设定的临界值，这可能引起一些担忧并促使人们检查引发该趋势的潜在原因。当该趋势在项目层级被觉察到，WBS 能帮助项目经理在较低的层级上深度探寻该趋势的潜在原因。

EVMS 报告中也可以监控管理储备（MR）的使用情况。例如，在项目早期，MR 大幅度减少可能表明发生了很多不可预见的事件。这可能预示着一种趋势，随着项目的开展，无法解决不可预见的威胁。可以通过设定控制临界值来触发管理层的调查工作，以确定为何在项目早期支出了大量 MR。例如，如果 MR 已被使用了 50%，而项目范围仅完成了 20%或更少，那么管理层应调查 MR 的使用原因。任何对 MR 的大额调用都应引起对项目假设和相应规划决策的重新评估。

4.4.2.3　EVM 指标综述

表 4-4 展示了 EVMS 可以生成的主要 EVM 指标及其解决的重要管理问题。

表 4-4　EVM 指标综述

EVM 指标	描述	管理问题
基准：		
BAC	完工预算	当前被批准的预算是多少?
SAC	完工进度	当前被批准的工期是多久?
当前状态：		
PV	计划价值	计划要完成多少工作?
EV	挣值	实际已完成了多少工作?
AC	实际成本	截至目前，已经支出了多少成本?
ES	挣得进度	为完成一定量的工作，计划消耗多少时间?
AT	实际时间	为完成一定量的工作，已经消耗了多少时间?
CV	成本偏差	项目成本超支或节约多少?
SV_w	进度偏差（工作量）	工作量提前或落后多少?
SV_t	进度偏差（工作时间）	项目进度提前或落后多长时间?
CPI	成本绩效指数	当前每单位实际成本完成多少工作?
SPI_w	进度绩效指数（工作量）	相对于基准，在已消耗的时间中实际工作速率是多少?
SPI_t	进度绩效指数（工作时间）	相对于基准，在已完成的工作中实际工作速率是多少?
未来：		
TCPI	完工尚需绩效指数	在既定的预算内完工，所需达到的未来成本绩效是多少?
TSPI	完工尚需进度绩效指数	在既定的工期内完工，所需达到的未来时间绩效是多少?
IETC	完工尚需独立估算	以往的绩效将持续不变，完成剩余工作所需的成本和时间是多少?
IEAC	完工独立估算	以往的绩效将持续不变，完成整个项目最终的成本和时间是多少?
ETC	完工尚需估算	完成剩余工作所需的成本和时间是多少?
EAC	完工估算	基于以往的绩效和管理措施，完成整个项目最终的成本和时间是多少?

4.4.3　在敏捷中运用 EVM 来管理绩效

企业逐渐意识到，它们无须坚持使用单一的方法（如预测型或适应型方法），多种方法的运用已经使混合方法的概念应运而生（见第 3.5 节）。因此，项目经理可能在跨业务单元的快节奏环境中，混合使用计划驱动（预测型）和敏捷（适应型）方法，以管理多个并行的、高可见度的项目或控制账户（AC）。

4.4.3.1　运用 EVM 补充敏捷报告

传统的敏捷方法（见《敏捷实践指南》第 5.4 节）不提供（a）发布完成时的成本估算或（b）成本指标，也无法通过管理成本来评估预期投资回报率和其他财务信息，以支持业务活动。因此，迭代燃尽图和发布燃起图（在 Scrum 和其他敏捷方法中使用）不提供一目了然的项目成本信息。此外，在做出诸如变更发布需求之类的决策时，以上指标也无法从传统的敏捷方法中获取。可使用敏捷的 EVM 来推断此类指标，为敏捷发布燃起图提供很好的扩展信息。

4.4.3.2　在敏捷中计算 PV、EV 和 AC

EV 与 PV 之间的对比是 EVM 的核心。PV 是截至某个时间点计划要完成的工作价值。PV 是在该时间点上，所有待完成工作的预算总额。在敏捷术语中，PV 指的是，截至计划日期，所有待估算的功能规模的总和。

对于敏捷项目或 CA 而言，EV 代表的是，在与 PV 相同的时间点上，已完成工作的价值（在每次迭代中，所有已完成的用户故事的故事点总数乘以已完成的迭代次数）。EV 不是实际成本的同义词，也不代表商业价值。EV 是指，相对于基准或计划工作，挣得的或完成的技术绩效（工作）。在敏捷术语中，EV 指的是，截至特定日期（计算值/状态值），已完成的用户故事的价值。

AC 正如其名：团队在每次迭代后完成一组用户故事的成本，这通常由组织的时间报告/跟踪系统中记录的工时推导而来。

敏捷 EVM 会将当前的发布计划（考虑到产品待办事项中范围的变更）与发布燃起图中显示的实际已完成的工作进行比较。例如，进展可以在图 4-7 中呈现，其中，故事点根据 3500 美元/故事点的价值转化率（燃烧率）映射到财务价值上。在时间盒 R3-S9 结束时，累计 EV 比累计 PV 小。表 4-5 详细描述了在时间盒 R3-S9 结束时，累计 EV=347 点或 121.5 万美元，累计 PV=450 点或 157.5 万美元，AC 等于 137 万美元。对于混合项目的 EVM 报告，该 CA 的 CPI（0.89）及 SPI（0.77）都将包含在该项目的综合报告中。有关混合项目的综合报告示例，见第 4.5.1.1 节。（原著所引用的几个数值有偏差，特此纠正。——译者注）

需要注意的是，在敏捷 EVM 中，部分完成不计工作量。待办事项要么完成，要么未完成（0 或 100%）。当客户接受该待办事项时，待办事项就被认为全部完成，这与敏捷术语的表达保持一致。

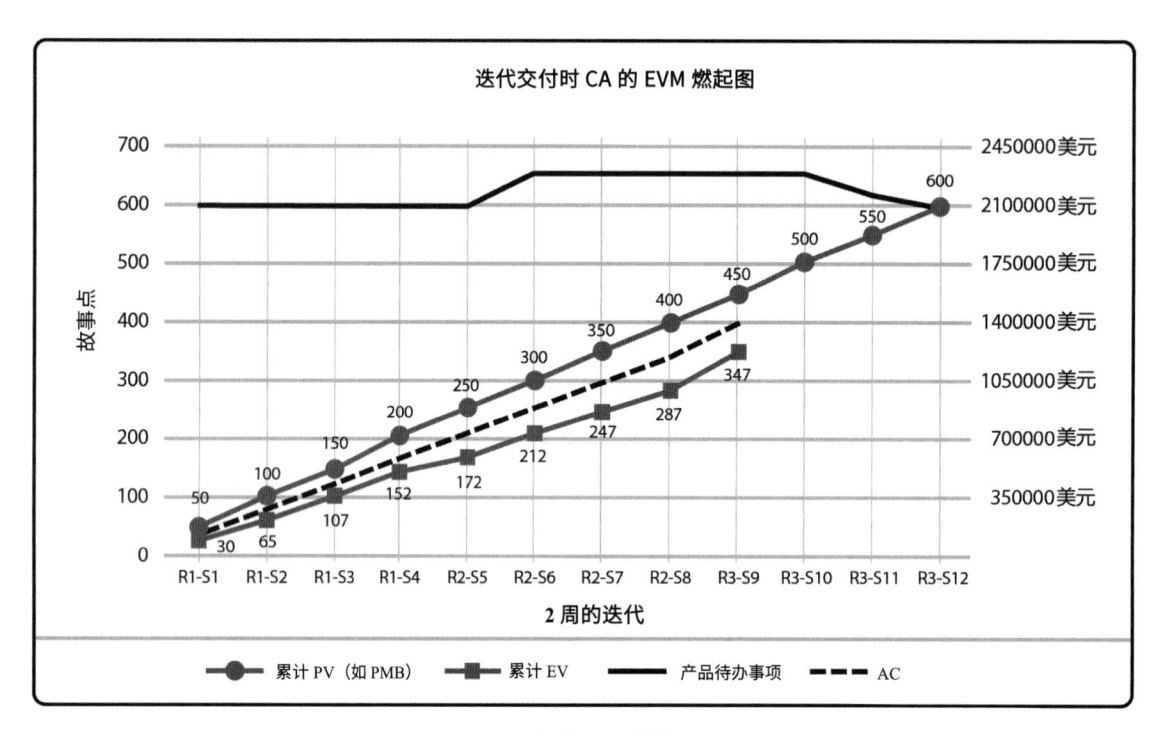

图 4-7 敏捷 EVM 燃起图

表 4-5 敏捷 EVM 燃起图的详细信息

冲刺解决方案状态												
发布	R1				R2				R3			
冲刺	R1-S1	R1-S2	R1-S3	R1-S4	R2-S5	R2-S6	R2-S7	R2-S8	R3-S9	R3-S10	R3-S11	R3-S12
产品待办事项	600	600	600	600	600	650	650	650	650	650	610	590
PV（目标速度）A	50	50	50	50	50	50	50	50	50	50	50	50
EV（实际速度）B	30	35	42	45	20	40	35	40	60			
剩余待办事项	570	535	493	448	428	388	403	363	303			
实际工作绩效（故事点）	40	40	40	43	46	44	46	46	47			
每次迭代的实际成本（千美元）C	140	140	140	150	160	155	160	160	165			
累计实际工作绩效（故事点）D	40	80	120	163	209	253	299	345	392			
累计实际工作绩效（成本，千美元）E	140	280	420	570	730	885	1045	1205	1370	1370	1370	1370
累计 PV（如 PMB）	50	100	150	200	250	300	350	400	450	500	550	600
累计 PV（千美元）	175	350	525	700	875	1050	1225	1400	1575	1750	1925	2100
累计 EV	30	65	107	152	172	212	247	287	347			
累积 EV（千美元）	105	228	375	532	602	742	865	1005	1215			
AC（千美元）	140	280	420	570	730	885	1045	1205	1370	1370	1370	1370
CPI	0.75	0.81	0.89	0.93	0.82	0.84	0.83	0.83	0.89			
SPI	0.60	0.65	0.71	0.76	0.69	0.71	0.71	0.72	0.77			

今天的状态日期
（在 R3-S9 结束时）

A 计划价值（PV）是人力成本预算，是根据团队组成和历史速度的平均值而推导出的预期速度。在发布期间，假设每次迭代的 PV 保持不变。

B 挣值（EV）是已完成工作的价值，表示为与 PV 相比的已完成迭代的累积速度，以 PV 的每个故事点的人力成本进行计算。

C 敏捷项目的实际成本（AC）数据的收集方式与任何传统项目的收集方式相同，即使用为执行特定工作范围而创建的费用编码来跟踪实际已完成的工作。然而，为了履行承诺，AC 可能受到加班的影响。

D 燃烧率或 3500 美元/故事点是指在一段时间内，交付的故事点数与人力成本相比的平均值。组织可以使用历史数据或者通过行业分析来计算燃烧率。

E 假设每次迭代的实际成本是根据组织的时间报告系统计算的。

4.4.3.3 待办事项对 PMB 的影响

敏捷方法考虑了在每次迭代后可能引发的对产品待办事项的更新。在每次迭代后，待办事项的更新（由功能的添加或移除引起的故事点的添加或删除）会对计划价值重新设定基准。在每次迭代后，重新计算敏捷 EVM 的作用是，根据发布计划对修订后的待办事项进行确认（确认计划发布的新工作范围仍在进度和预算目标内）。这为产品负责人（待办事项的责任人）提供了关于变更影响的早期信息。如果变更对发布计划有负面影响，产品负责人就有足够的时间来重新考虑这些变更。在敏捷 EVM 环境中，PMB 相当于"计划发布的工作范围"或计划价值。这允许在不中断项目或不重新设定 PMB 的情况下进行纠偏。

4.4.3.4 测量的频率

迭代的边界非常适合计算敏捷 EVM，发布计划中的迭代次数或组织的汇报需求，可能使计算 EVM 变得更加频繁。EVM 和敏捷燃起图为干系人提供了重要的进展状态更新。当计算敏捷 EVM 时，重点要确保在边界点的累计值的准确性。

4.4.4 管理决策

当项目中的偏差被识别、测量、理解和记录时，就要做出决策。（所有相关的潜在未来场景都已被识别、量化和记录。）

使用 EVMS 来支持决策的好处来自以下要素：

- ◆ 严谨和准确。基于有效的逻辑和经验证据。
- ◆ 客观。基于对各方面绩效的量化。
- ◆ 审慎。基于 EVM 的数学模型和一致性。
- ◆ 聚焦。专注于与项目绩效相关的方面。
- ◆ 现实。测量所需的未来绩效。
- ◆ 灵活和全面。支持广泛的假设情景分析。

因此，使用 EVM 会提高有效决策的成功概率，并得到所有干系人的支持。

重要的是，参与决策过程的所有干系人都应对 EVM 有足够的认识和理解，并分享其认同的积极、理性、透明和开放的管理文化。当其中一些条件未达到时，项目团队应解决如何利用 EVM 信息的问题，以防止负面影响。

分析绩效和制定最终决策的过程都应记录在案并具有可追溯性。观察到的偏差、已识别的原因、潜在行动、趋势与预测和最终决策都应该被记录下来，并与具体的时间安排和干系人的责任义务相关联。

4.4.4.1 异常管理

EVM 为组织提供了在项目上实施异常管理的能力。它允许管理者和其他人员关注项目的执行，并且只在需要的时间和地点调用控制措施，这种做法极大地提高了项目管理的效率和效果。EVM 绩效指标与项目的工作分解结构（WBS）和控制临界值结合使用，为实施异常管理提供了所需的客观数据。

通过使用 EVM，组织可以为项目及其工作任务建立可接受的绩效水平。最常用的指标是偏差百分比和效率指数。例如，组织可能将根据 EV 得到的 CV 的正负 10% 作为可接受的偏差范围。由于报告的需要，一些组织会用颜色来标记绩效临界值。但这绝不意味着，在超出临界值之前，不应该或不能处理不断扩大的偏差。临界值通常由正式的报告参数来定义。负的偏差可能代表一个问题，而正的偏差可能代表一个机会。

由于 EVM 通常在 CA 层级进行测量，在 CA 层级，工作的范围、进度及成本被规划和监控，异常管理也从该层级开始。EVM 绩效测量可用于确定是否超出了偏差临界值。

4.5 干系人和沟通的注意事项

项目的成功在很大程度上取决于有效的沟通和有效的干系人管理。

《PMBOK®指南》中的项目沟通管理和项目干系人管理知识领域阐述了项目管理的最佳实践和相关过程。EVM 的运用在支持和改善项目中的沟通及干系人管理方面具有巨大的潜力。

4.5.1 报告

项目团队经常（a）使用 EV 数据来解释项目的状态和（b）预测可能的项目结果。这通常需要解释成本、进度和完工偏差。当沟通存在偏差时，团队必须描述与这些偏差相关的原因、影响和任何纠正措施，这一点很重要。纠正措施的管理责任应该分配给负责的管理者，对已识别的纠正措施的状态也要进行跟踪。运用前述绩效指标的项目发起人的角色很重要。根据绩效指标，项目发起人负责从项目治理委员会及时获得有关应用纠正措施的批准。

EVM 为项目的主要干系人提供了大量有用的信息。但是，不同干系人所需的项目信息级别和类型是不同的。例如，客户、负责人或高级管理层需要一份最高层级的或项目级的摘要报告（表明项目是否在进度和预算范围之内）。相比之下，项目经理需要更多的细节才能对项目进行任何必要的调整。在沟通 EV 分析时，偏差图和效率数据是很有用的工具。很多计算机软件，尤其是专门为项目管理和 EVM 开发的软件，能有效生成此类图形。

可用多种工具来呈现 EVM 数据。这些工具是为满足不同干系人的需求而设计的。针对项目报告的格式而选择的工具和模板应该征得干系人的同意，并在项目管理计划中预先对其定义。为满足不同干系人的需求，这些工具中的一部分可能用在特定的项目上。当然，下面这个简短的工具列表不是包罗万象的。其他工具，如饼图、刻度盘、散点图及雷达（或牛眼图），都已被使用，并且也是呈现 EVM 信息的非常有效的方法。最常用的工具有：

◆ **表格**。表格是按项目组件显示 EVM 结果的有效方式。表格为项目经理和其他高层级的干系人提供了一个有关项目每个主要组件当前情况的完整、简洁的画面。它可以当作 S 曲线的后续逻辑表，以在任何给定的时间点提供有关项目的更多详细信息。

◆ **条形图**。条形图对于比较数据很有用，如 PV 与 EV、AC 与 EV 等的比较。

◆ **曲线**。S 曲线展示了 EVM 的累计绩效指标。典型的 S 曲线可通过直角坐标系来呈现，在 X 轴显示时间，在 Y 轴显示所消耗的资源成本。这类图形对于快速了解活动、控制账户或项目的整体绩效非常有效。

通常，这些图形（尤其是后者）都包含在定期发送给干系人的项目绩效仪表盘中。在附录 X4 中可找到相关的示例。

4.5.1.1 混合型项目的 EVM 报告

在使用敏捷方法时，组织仍然需要通过管理多个项目来获得收益，并确保所有项目和 CA 都与关键业务目标保持一致。重要的是，应通过对项目组合的维护，使各级管理人员都能看到进度的测量、风险的管理及更广阔的视野。

当子项目团队之间在规模和速度上具有可比性时，可以在整个项目中计算敏捷 EVM。在混合型项目中，各子项目团队负责项目不同部分的工作，他们使用不同的方法论，用不同的方法跟踪进度和项目成本，团队之间的指标不具可比性。因此，对于混合型项目，应当计算每个子项目团队的 EVM 指标，然后为 EVM 提供一份综合报告。表 4-6 展示了基于附录 X4 示例的 EVM 报告。该项目有 4 个子项目团队，使用各自的 CA。CPI 和完工估算（EAC）是测量项目整体及每个 CA 执行情况的有效指标。在示例中，CA-004（智能楼宇信息系统）提前 3 周开始；SPI 为 2.80，看起来不错，但整体项目的 SPI 为 1.15。项目层级的 SPI 可能是测量整体项目进度的更好指标。项目团队应该审查进度，以便做出更好的评估。有关该示例的更多信息，请查看附录 X4。

表 4-6 显示了第 44 周结束时的汇总级信息。当整体项目的 CPI 为 1.01，即使 CA-001（项目管理）的成本超支 10324 美元，整体项目的最终成本预计仍在可接受的成本偏差范围内。更多详情可以在附录 X4 中找到。

表 4-6 混合型项目综合报告

控制账户	完工预算	计划价值（至今）	挣值（至今）	实际成本（至今）	实际时间（周）	挣得进度（周）	CPI	SPI$_t$	完工尚需估算	完工估算	成本偏差	进度偏差（周）
CA-001 项目管理	336000 美元	206470 美元	206470 美元	216794 美元	44	44	0.95	1.00	136007 美元	352801 美元	-10324 美元	0
CA-002 智能楼宇规划阶段	67700 美元	67700 美元	67700 美元	54057 美元	44	44	1.25	1.00	0	54057 美元	13643 美元	0
CA-003 楼宇建设	878080 美元	260283 美元	324786 美元	324786 美元	44	45	1.00	1.25	553294 美元	878080 美元	0	1
CA-004 智能楼宇信息系统（敏捷团队）	122（故事点）61280 美元	17（故事点）8336 美元	46（故事点）23316 美元	23316 美元	44	45	1.00	2.80	37964 美元	61280 美元	0	1
项目集总额	1343060 美元	542789 美元	622272 美元	618953 美元	44	45	1.01	1.15	727265 美元	1346218 美元	3319 美元	1

4.5.2 其他外部沟通

EVM 是一个有效的工具，可用于生成信息，以及与项目团队和执行组织外部的干系人进行交流。

项目团队需要（a）监控和调整干系人的期望，(b）协商规划和项目变更，并（c）监控供应商、合作伙伴或不在团队控制及授权范围内的资源完成工作。

项目团队对干系人施加积极和有建设性的影响，以及所拥有的促进项目成功的权力和能力都可以通过以下手段得到提高：

◆ 了解（应严谨和准确）外部实体和干系人所执行的工作的真实状况。
◆ 以客观和审慎的方式预测工作的可能结果和替代方案。

例如，EVM 的尚需绩效指数可用于（a）识别供应商或项目团队提出的不切实际的承诺（通常是善意的），(b）协商和规划现实的方法来适应逆境和探索机遇。随着项目的开展和新情况的出现，承诺不切实际的纠偏措施是一个常见的错误，也是导致项目失败的不良做法。

EVM 的数据和信息可用于与供应商、发起人和客户建立合同约定的绩效和激励机制，并为团队成员制定绩效评估目标。

而且，项目团队应该尽一切努力让所有外部干系人至少参与 EVM。让所有干系人参与能使他们信任项目团队产生的信息，并接受基于这些信息的协商结果。

4.6 整体变更控制

PMB 是测量项目绩效的整合基准。PMB 需要通过项目管理来维护，并且它只能根据项目管理计划中概述的整体变更过程进行修改。第 3.3 节中的图 3-4 显示了 PMB 与其相关的子要素。PMB 与各要素之间的关系呈现在第 3.3.2.2 节。

随着项目的开展，项目管理计划将变得更加详细，当储备被动用并转化为工作资源时，需要维护 PMB，以准确地反映由干系人正式批准的预期项目结果。如《PMBOK®指南》第 4.6 节所述，实施整体变更控制是评估项目变更的正式过程。《PMBOK®指南》中所有整体变更控制过程都可以在 EVM 中使用。在实施整体变更控制过程时，EVMS 可以为数据分析和决策制定提供有效的输入。变更会被记录下来，并当作请求被正式提交。然后，经过评估，要么拒绝、推迟变更，要么授权变更。审批变更的决策会被记录下来，并以规范和及时的方式传达下去。为了使 EVM 在整个项目范围内有效，在执行变更之前，应该更新 PMB 以反映被批准的变更请求。

4.6.1 变更请求

变更请求可能来自项目绩效、定义项目范围或产品范围的错误、需求的演化、客户的请求、合同的变更、监管环境的改变、资金的变化、市场的变化，或者风险事件的发生（无论是否已预见到）。当现有成本、进度或范围不再现实可行时，PMB 就可能发生改变。

一旦批准实施变更，相应的项目管理计划组件、PMB 和项目文件都要被更新。被推迟或被否决的变更将与该决策的原因一起被记录在变更日志中。有效的变更管理要有规范的记录以仔细控制项目的变更，并维持 PMB 的完整性，从而使测量指标有意义。图 4-8 提供了一个可以在变更日志中记录变更请求的信息类型的示例。这仅是一个示例，并不能完全涵盖变更日志所包含的所有信息。

变更数量	创建日期	标题/描述	受影响的 WBS 要素
理由	对 PMB 的影响	状态	完成日期

图 4-8　变更日志中有关影响基准的变更请求的示例

4.6.2 变更分析

项目或产品范围的变更会影响项目的资源、进度和成本。在变更控制过程中，应分析范围变更所带来的影响。请注意，不影响范围的变更，如进度或成本的变更，仍会影响 PMB。变更控制过程不会因这些变更或这些变更影响的外部依赖关系而破坏基准的完整性。

变更控制委员会（CCB）经常分析范围、进度、成本及其他类型的变更对项目和 PMB 的影响。只有那些经过 CCB 批准的变更才能被实施。在小型项目中，项目经理可以充当 CCB 的角色。

4.6.2.1 范围变更分析

应分析所有的范围变更，范围应该被确定，并评估其对 CA 的影响。此外，还应确定是否需要添加新的 CA 或删除现有的 CA。并非所有的范围变更都会影响成本或进度。然而，考虑到 PMB 的内在特性，范围变更很可能影响进度和成本这两个领域。

当项目范围发生变更时，例如，添加新的范围，也应该在范围发生变更的 WBS 层级变更 PMB。

当新工作被添加至 CA 时，新工作应该被放到一个或多个新 WP 或规划包中。当需要修改一个现有的 WP 时，首先应将它关闭，然后把剩余的预算和新的预算都放到一个新的 WP 中。在后一种情况下，关闭 CA 使当前预算（累计至今的 PV）等于 EV。这消除了进度偏差（在 CA 中没有剩余的工作要完成），但 CV 保持不变。范围变更导致 CA 被关闭，但实际成本不会因此而发生变化。保存这个成本信息可以使历史的 CV 得以保留，这对项目的整体 CV 有帮助。在不变更范围和相应预算的情况下，累计 PV 也不会改变。累计 AC 或 EV 也不能改变，除非有之前的错误需要纠正。

当工作范围从一个 CA 移到另一个 CA 时，工作范围总是与其相应的预算一起移动，因为每个预算都是专门分配给 WBS 要素的。这可以维持 PMB 的完整性。不应转移预算以消除偏差，因为这会破坏报告指标，并危及项目监控的有效性。

通常，当范围发生变更时，会创建新的 CA。当增加新的范围时，应考虑是否需要额外的管理储备（MR）或应急储备（CR）。需要分析与新增范围相关的新风险。在第 3.3.2.2 节讨论了如何处理这些储备与 PMB 的关系。尽管不会频繁削减范围，但项目也有可能通过变更控制过程来缩小范围。

在 EVM 的某些应用中，合同要求会造成这样的情况：客户可能发起一项需要立即纳入项目的变更。在对变更请求的定价或成本进行谈判之前，应对这项工作进行授权、规划和执行。这类由客户发起的变更被称为已授权但未经协商的变更。在这种情况下，原始合同或客户签发的不超过（NTE）金额的信函应说明如何管理此类变更请求。对于已授权但未经协商的范围变更，可直接分发给 CA，并修改 PMB。通常，已识别的大部分范围是针对下游 CA 和 WP 中尚未开始的工作。而在这种情况下，NTE 信函中的剩余范围和相关价值会被放在更高层级的未分配预算（UB）账户中。应尽快确定 UB 账户，并根据实际情况尽快就 NTE 信函所提供的建议范围进行协商。

当增加或删除范围时，应更新 WBS 和 WBS 词典以反映范围的变更。风险登记册、成本管理计划和范围管理计划可能需要得到相应的检查和更新。

4.6.2.2 成本和进度变更分析

有可能出现不影响项目范围但影响成本和/或进度的变更——这类变更会对 PMB 产生影响。例如，与自制或外购决策相关的项目采购策略可能导致成本或进度发生变更，而这类变更最好应纳入 PMB。所有变更都应被分析，并评估其对 CA 的影响。如前所述，在实施范围变更时，需要对历史偏差进行维护，除非要纠正之前数据中的错误，否则禁止消除有偏差的数据。

当成本和进度发生变更时，可能要对项目管理计划和相关的项目文件进行相应的检查和更新。

4.6.3 重新设定基准

重新设定基准是指，由经批准的进度、成本或项目范围的变更而导致的 PMB 更新。重新设定基准相当于对 PMB 进行必要的重新调整。重新设定基准的预期结果是，改进整合的成本、范围和进度基准。为了更加有效，PMB 应该代表具有可实现目标的项目管理计划。用已过时的基准来管理绩效对监控项目没有任何价值。

可采用以下两种形式之一来重新设定基准：

- **重新规划**。重新规划涉及重新调整剩余进度和/或剩余预算，以满足原始目标。

- **重新编制**。重新编制是一项关于全面改造 PMB 的活动。此活动的结果是，超目标基准计划（OTB）或超目标进度计划（OTS）。OTB 包括超出原始分配额的额外预算。当计划完成的工作在不同阶段超出原定的完工日期时，就会发生 OTS。

  OTB 是对当前 PMB 无法在项目制约因素下执行的一种确认。从本质上讲，如果成本目标和进度目标都变得无法实现，就应使用一个次级基准来提供有意义的测量指标。

  OTB 是根据新的成本参数来达到项目绩效目标的一种尝试。然而，除非已经确定并纠正了导致成本偏差的问题，否则 OTB 将失效。项目各方应关注导致成本偏差的情形，并就要采取的纠正措施达成一致。在某些情况下，这可能是一种承认，即初始成本目标是不切实际的。例如，在原始估算中，可能没有考虑风险估算的部分。

  OTS 承认，当前的进度是无法实现的，也无法在所要求的时间框架内执行。OTS 是根据新的进度参数来达到项目绩效目标的一种尝试。然而，除非已经确定并纠正了导致进度偏差的问题，否则 OTS 将失效。项目各方应关注导致进度偏差的情形，并就要采取的纠正措施达成一致。在某些情况下，这可能是一种确认，即初始进度目标是不切实际的。

本章所述的任何一个行动都会导致一个新的 PMB。就像前面解释过的那样，重新规划和重新编制只应修改与未来状态和行动相对应的基准信息。在重新设定基准时，不应该隐藏项目目前遇到的任何问题。一旦重新设定完基准，就需要正式批准、沟通和接受新基准。

4.7 过程改进

随着项目和组织环境的变化，EVMS 的持续改进是通过自我评估、学习及适应来对系统进行不断改进的过程。图 4-9 的示例显示了此过程的演化。

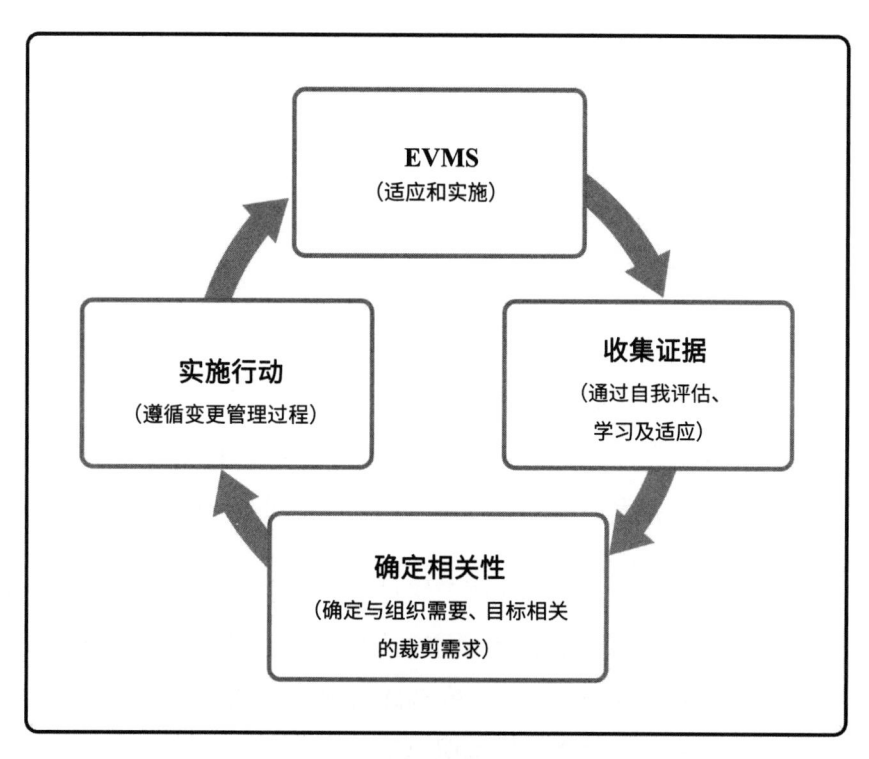

图 4-9 EVM 的过程改进演化

在项目执行期间，总会不可避免地对 EVMS 进行变更。系统所有者应该预料到，需求会随着项目的变更和系统使用的成熟度而不断演化。EVMS 的改进可能由不同的原因和解决系统的不同方面而产生，例如：

◆ EVMS 持续改进的动力：

- 难以及时、高质量地收集数据。
- 难以使干系人参与或干系人有消极的反应。

- 流程延误。
- 沟通问题。
- 感知的绩效信息与项目的实际情况之间不匹配。
- 跨范围组件或目标（如时间与成本）的项目优先级的变更。
- 寻求对系统提供的效率和功能的改善。

◆ 可以改变 EVMS 的以下方面：
- 整体过程的工作流及其活动。
- 要使用的程序、工具和技术。
- 角色和职责。
- 配套的信息系统和软件。

可以通过定期进行系统监控（可能嵌入既定的项目控制周期）和运用焦点小组来评估系统的有效性和效率，焦点小组的成员可使用该系统来提供意见和建议。基于组织或客户的要求，系统监控过程的执行频率和应用的严格程度可能有所不同。应在系统文件中加入评估过程，以便持续改进。

当系统经过裁剪，能适应每个项目的特定绩效管理环境、目标和目的时，EVM 最为有效。例如，内部项目的管理与基于合同的项目管理是明显不同的。同样，建筑项目与软件开发项目的管理要求也是大为不同的。在项目启动和规划期间，应注意将 EVM 的需求与个别情况相结合。之后，在项目执行期间，随着系统指标及其后续指标的使用，要确保 EVM 的功能有效性和收益的持续性。

随着 EVMS 的成熟和变更，以及持续改进的实施，项目变更管理过程应该得到遵守。这个过程旨在确保，以规范的方式将变更纳入系统，并获得所需的批准，同时，能够与干系人进行充分和及时的沟通。

第 5 章

收尾

收尾过程组由正式完成或结束项目、阶段或合同所执行的过程组成。

5.1 概述

结束项目或阶段是结束项目、阶段或合同的所有活动的过程（见《PMBOK®指南》第 4.7 节）。当使用挣值管理（EVM）的项目或阶段结束时，EVM 用于最终确定与 PMB 相关的信息，并根据总体计划评估工作的执行情况。应对项目管理计划进行审查，以确保规划的工作已完成，项目已达到其目标，并且项目信息已归档。

5.2 将 EVM 纳入项目收尾工作

在执行项目收尾活动时，通过使用挣值管理系统（EVMS）将在项目中收集的所有数据整合起来，以完整记录项目交付及收尾期间的基准执行和变更控制。这些信息的所有方面（如项目绩效和随时间变化的总结）应作为结束项目或阶段过程的一部分，被包含在最终报告中。表 5-1 描述了《PMBOK®指南》中所述的项目收尾工作的一些主要活动，以及在执行这些活动时使用 EVM 的影响和收益。

表 5-1 项目收尾活动中的 EVM

收尾活动	EVM 的潜在用途	EVM 的收益
1) 对已交付范围的正式验收	进度指标和绩效指标可用于证明,验收是最佳选择和/或符合目标的	对收尾阶段或项目中已完成的范围进行更客观和可审计的演示,使干系人之间更容易达成共识
2) 更新所有的项目文档	EVM 绩效指标及变更控制信息可用于提供与项目完成范围、成本和进度相关的最准确的信息	在归档项目时,可更准确地反映项目的实际执行和完成情况;对 EVM 指标趋势的研究为未来的决策提供了输入
3) 提供团队绩效的评估	EVM 绩效指标可用于提供反馈,并计算按项目团队划分的关键绩效指标(KPI)。例如,团队参与的工作包的平均 CPI	以更客观和可审计的方式来向团队提供反馈并建立绩效激励机制将更有可能激励团队努力改进
4) 评估和记录项目成功的程度	进度指标和绩效指标可用于更好地评估在项目执行过程中发生的风险和不确定性对项目成功的影响(例如,在规定的成本、进度和范围内进行的项目交付)	改进项目风险和不确定性的相关记录,可以更好地指出潜在的项目问题,并做出更准确的估算
5) 总结和记录经验教训	EVM 指标可以更好地诊断出绩效优良或绩效不佳的原因	更好地理解基于定量评估的变化,为未来的管理提供更丰富的建议
6) 更新组织过程资产(OPA)	将 EVM 指标作为执行期间的趋势指示,在收尾期间基于组织的影响进行审计,以确定成功或失败	更好地理解政策和程序所需的改进与更新、企业知识的增长、创新及对未来项目的更好管理
7) 整理和更新项目存档	进度指标提供了项目在执行期间的进展趋势,以更好地诊断偏差出现的根本原因	在未来的阶段和项目中,使用更客观和可审计的历史数据可实现更好的估算
8) 与干系人沟通项目的终止并解散项目团队	当项目按照目标完成时,进度指标和绩效指标都可用于沟通合同协议的有效完成情况	对完成的范围进行更客观和可审计的证明,可以更轻松地进行分包商的采购收尾

在收尾过程中，应评估和记录整合基准的每个要素（范围、成本和进度）信息。从 EVM 的角度来看，范围收尾应记录已通过正式验收的可交付物，以及与工作分解结构（WBS）和后续的 WBS 词典相关的目标实现情况。与项目基准之间的偏差也应该被记录下来。范围的圆满完成可转化为进度和成本收尾。进度的完成通常是通过将项目计划里程碑与实际里程碑进行对比来实现的。成本结算应包括与计划相比的所有实际成本的收集、有效成本编码的终止、已完成 CA 的记录及合同的关闭（包括最终确定未决索赔）。应收集并存档每个要素信息以备将来使用，同时记录绩效测量的结果、重大偏差、采取的纠正措施、面对的风险和获得的经验教训。当组织使用估算数据库时，应处理在此期间收集的信息以更新数据库。EVM 还可用于对员工、供应商、顾问、承包商和/或其他第三方成员进行评级和评估，这对于将来的合作也很有帮助。所有与项目相关的信息都应被存档以备将来使用。

正如在收尾过程中应评估整合基准的每个要素和项目成败一样，EVMS 也应如此。

第 4.7 节涵盖了在项目执行期间使用 EVMS 时的各种改进。这应该在项目结束时得到重新审视。应该通过各级项目干系人（包括用户和客户）的参与来收集改进并更新 EVMS。

在项目执行过程中，在持续改进的基础上，EVMS 还受一些重要收尾活动的影响。这涉及过程负责人，以及与过程负责人的协调。

- 评估 EVMS 的有效性——易用性、及时性、所需的工作量及所提供信息的价值等方面。
- 评估 EVMS 参与者的效率，并在必要时确定进一步的培训和沟通需求。
- 审查 EVMS 参与者的角色和职责。
- 分析阶段的变化（例如，从工程设计到施工）如何对应 EVMS 的变更或调整。
- 规划并同意 EVMS 的改进变更，以便在下一阶段实施和/或对未来项目提出建议。
- 正式关闭在此阶段或在整个项目中使用的 EVMS。

在项目中使用 EVM 对所有活动都有积极的影响，这能提高活动的质量和有效性，从而有助于获得更好的项目管理和项目绩效。

5.3 挣值的知识管理

知识管理对于向目标受众传递信息变得越来越重要，这样，组织的知识就不会随着员工队伍的变化而丢失（见《PMBOK®指南》第 4.4 节）。这样做的目的是，利用先前的组织知识来产生或改进项目成果并促进组织学习。EVM 的信息增强了组织的知识管理系统。

如第 4.7 节所述，由于信息是在过程改进期间收集的，因此在整个项目执行过程中学习活动将持续进行，并在项目或阶段结束的数据收集过程中进行反思（见第 5.2 节）。应将这些信息用于更新项目的 EVMS 绩效和组织知识库。这可以通过将经验教训、偏差管理、趋势分析和所面临的风险记录至数据库或其他形式的文档（以供未来使用）来实现。识别和共享与项目绩效、响应及其影响相关的模式，可以形成更稳固的 EVMS。此外，应该通过与组织内的人员（会议、工作组等）进行互动来共享知识，而不只是通过文档来共享。当具有项目管理办公室（PMO）和/或项目管理信息系统（PMIS）时，如第 1.7 节所述，应提供收集到的知识，并将其作为持续反馈循环的一部分。最终，收集到的知识将影响组织对知识管理系统的更新。这个过程通过使用现有知识和创造新知识，建立了与决策、政策的制定和项目团队管理间的联系。

应用 EVM 的主要目标是，通过改进管理来更好地执行项目。更广泛地说，EVMS 在组织层面为项目型组织的持续学习提供了重要的组织过程资产（OPA）。知识有两个相关的维度：(1) 如何更好地管理项目，(2) 如何通过 EVMS 更好地使用 EVM。后者是前者的基础。例如，当 CA 或项目超支，并且完工尚需绩效指数（TCPI）大于 1.2 时，组织可以从历史数据的收集中学习（有关 TCPI 的更多信息，见第 4.4.1.3 节）。在这种情况下，审查预算或缩小项目范围比坚持实现最初的目标更有益。在这个例子中，过去的项目数据可能表明，试图达到最初的目标会导致风险事件（如质量降低），并在项目的最后阶段或产品交付之后出现严重问题。

在混合项目环境中工作可以获得额外的机会来学习、改进并创建流程、模板和工具，从而取得更大的成功。运用从敏捷回顾中吸取的经验教训，可以确定整个混合项目的改进机会。例如，组织可以从历史数据的收集过程中了解，在前 15%～20%的计划功能完成前，成本绩效指数（CPI）和进度绩效指数（SPI）可能不是问题、风险和预测的准确指标。作为这一历史数据的直接成果，组织可能不会在项目只完成了 15%～20%时就发出"危险信号"。

在混合环境中，历史信息可能在以下方面进一步发挥作用：

◆ 根据过去的成功经验，建立一个核心团队来管理培训，监督和/或管理其他适用领域向敏捷方法的过渡，并与新兴实践保持相关性。

◆ 创建实践社区（CoP），其中可能包括培训师、敏捷教练、Scrum 主管、适应型项目经理、预测型项目经理及其他在关键项目中承担重要责任的人。CoP 的存在对于大型、复杂和地理分散的组织是尤其重要的。

无论环境如何，通用管理策略都可以从有实践意义的经验数据中进行推导和改进。如果以非正式的方式完成，那么这些通用管理策略可被称为经验法则或常见做法。EVM 的应用为我们提供了以数据驱动的方法，这有助于我们建立这些管理策略，从而构成决策的标准。这只是一个例子，说明了如何使用 EVM 所获得的知识来改进项目管理策略。

知识共享（传播和可访问性）和整合（从不同的角度和领域）对于 EVMS 的持续改进是至关重要的。该过程将产生一个最适合组织特定绩效管理环境和目标的经裁剪的系统。

附录 X1

《挣值管理标准》的制定

X1.1 概述

《挣值管理实践标准》（第 2 版）于 2011 年出版。2017 年，PMI 标准负责人和成员顾问小组授权开发本标准，以反映挣值管理的核心原则和实践。此外，《挣值管理标准》正在作为 ANSI 标准进行推广。

为了能充分理解《挣值管理标准》在结构和内容上的变更，读者必须了解变革委员会的目标及本标准的演变（见第 X1.2 节）。

X1.2 目标

具体而言，变革委员会的目标包括：

◆ 拓宽项目交付领域，包括项目管理成熟度和采用的技术，在许多情况下，这些技术更适合现代项目经理的需求。

◆ 使本标准的结构与《PMBOK®指南》过程组保持一致，以便在此背景下，从挣值管理（EVM）的角度来阐明项目的重要考虑事项。

◆ 利用统一的风格和标准的结构使项目团队能够了解可供选择的选项和机会，以确定最合适的 EVM 方法，使项目获得成功。

◆ 确保所有更新与其他 PMI 标准相一致。

X1.3 方法

本标准的结构与《PMBOK®指南》中的五个主要项目管理过程组保持一致。变革委员会的目的是，在制定 EVM 方法时，为《PMBOK®指南》和《敏捷实践指南》提供一个清晰的主线。

X1.4 章节内容概述

本标准分为五个部分（见第 X1.4.1 节至第 X1.4.5 节）。

X1.4.1 第 1 章——引论

第 1 章，提供了 EVM 的执行概述和视角以及价值主张，并帮助项目团队优化项目的规划和交付。除了介绍传统的预测型（瀑布）方法，本章还明确说明了敏捷和混合型方法要考虑的因素，并定义了支持本标准的指导原则。本标准以项目为主要议题，同时还将 EVM 的运用引入项目组合和项目集。

X1.4.2 第 2 章——启动

第 2 章，概述了项目在启动过程组中实施 EVM 所要考虑的因素。本章的示例包括干系人的识别、项目章程的考虑因素、特定项目的适用性、裁剪和部署。

X1.4.3 第 3 章——规划

第 3 章，概述了在规划过程组中思维过程的演化，以及成功实施 EVM 所需考虑的因素。关键注意事项包括制订项目计划、制定和整合相关的基准，以及建立绩效测量基准。重点强调了项目规划，以及将规划细节深思熟虑地整合至绩效测量基准的规范方法。风险的评估和管理也被当作在规划和整合时需要考虑的因素。在引入挣得进度的概念时，还介绍了在敏捷/混合环境中将 EVM 纳入规划过程的方法。

X1.4.4 第 4 章——执行和监控

第 4 章,讨论了执行和监控过程组。本章的重点是项目执行过程、绩效分析、基准变更控制和项目预测,它们对 EVM 的实施不可或缺。本章还讨论了在敏捷/混合环境下运用 EVM 的考虑因素。在阐述项目管理过程所涉及的干系人管理和沟通管理的同时,也说明了通过量化数据分析来制定管理决策的重要性。

X1.4.5 第 5 章——收尾

第 5 章,讨论了在项目管理和项目治理的背景下,EVM 的运用引入了额外的项目收尾活动。讨论的主题包括过程改进、评估 EVMS 在改善项目交付方面的有效性,以及知识管理方面的考虑因素。

附录 X2

《挣值管理标准》的贡献人员和编审人员

本附录囊括了为《挣值管理标准》的编纂和出版做出贡献的人员和团队。

项目管理协会对所有人员的支持满怀感激之情,并衷心感谢他们为项目管理事业所做的杰出贡献。

X2.1 《挣值管理标准》核心委员会

以下人员为核心委员会成员,他们为文本和概念的编写做出了贡献,并负责核心委员会的领导工作:

Cathleen Bischoff Lavelle, MBA, PMP
Larkland A. Brown, SPC4
Panos Chatzipanos, PhD, Dr Eur Ing
John D. Driessnack, CSM, PfMP
Jennifer Fortner, Vice Chair
John C. Post, MBA, PMP, Chair
Alexandre Rodrigues, PhD, PMP
Charles R. Mahon, PMP
Kristin L. Vitello, CAPM, Product Specialist

X2.2 重大贡献人员

除了核心委员会的成员，以下人员对本标准的草案做出了重要贡献：

Eric Christoph

X2.3 审核人员

X2.3.1 SME 审核

除了核心委员会的成员，以下人员对《挣值管理标准》的草案进行了审核，并提供了有关建议：

Vanita Ahuju, PhD, PgMP	Vanina Mangano, PMP
Neil F. Albert	Marcelo Marques, PMI-RMP, PMP
Eric Christoph	Ken Nishi
Etienne Cornu, PhD, PMI-RMP, PMP	Adilson Pize, PMO-CC, PMP
José D. Esterkin, PMP	David W. Ross, PMP, PgMP
Connie F. Figley, LEED AP, PMP	Salman Shahid, PMI-RMP, PMP
Gary M. Hamilton, PMP, PgMP	Langeswaran Supramaniam, FCABE C
Suhail Iqbal, PgMP, PfMP	Build E, PMP
Susan M. Irwin, PhD, PMP	Nathan Subramaniam, ITIL v3 Expert, PMP
Shirley M. Kelly MSc, PMP	Grzegorz Szalajko, CISA, PMP
Konstantinos Kirytopoulos, PhD, PMP	Gerhard J. Tekes, PMOVR-CP, PMP
Kelly Krug, PMP	Dave Violette, MPM, PMP

X2.3.2 征求意见稿最终审核

除了核心委员会的成员，以下人员对《挣值管理标准》的征求意见稿提供了改进建议：

Majed Abdeen, MSc, PMP	Mohammad Alsalih
Ahmad Khairiri Abdul Ghani, FIMechE, CEng	Abdulrahman Alulaiyan, MBA, PMP
Habeeb Abdulla, MS, PMP	Nahlah Alyamani, PMI-ACP, PgMP
Jose Rafael Alcala Gomez, PMP	Angelo Amaral, PMI-ACP, PMP
Emad A. Alghamdi, EMBA, PMP	O. Arivazhagan "Ari", BE (Honours), PMP
Abdulaziz Hamed Alotaibi, PMP	Sivaram Athmakuri, PMI-ACP, PMP

Shahin Avak, BSc
Nabeel Eltyeb Babiker, P3O, PMP
Ammar N. Baidas, PgMP, PfMP
Herman Ballard
Bahadir V. Barbarosoglu, PhD, PMP
Eduardo Bazo Safra, MS, PMP
Gregory M. Becker, PMP
Nigel Blampied, PhD
Greta Blash, PMI-PBA, PgMP
Alessandro Calonico, PMP
Mario Coquillat, PMI-RMP, PMP
Gaurav Dhooper, SAFe4 Agilist, PMI-ACP
John D. Driessnack, CSM, PfMP
Nedal Dudin, PMI-ACP, PMP
Christopher L. Edwards, MBA, PMP
Mohamed R. Elkafoury, PhD, PMP
Michael J. Frenette, SMC, PMP
Juan Gantiva Vergara
Hisham Sami Ghulam, MBA, PMP
Theofanis Giotis, PhDc, PMP
Ivan Graff, PE, PMP
Simon J. Harris IPMO-E, PMP
Akram Hassan, PhD, PMP
Sergio Herrera-Apestigue, P3O, PMP
Dmitrii Ilenkov, PMP
David Kester
Suhail Khaled, PMI-ACP, PMP
Rouzbeh Kotobzadeh, PMP, PfMP
Boon Soon Lam
Kathleen E. Lane, EVP, PMP
Olivier Lazar
Derek D. Lehman

Zheng Lou
Medhat Mahmoud
Venkatram Vasi Mohanvasi
José S. Morales Brunet, MBA, PMP
Mordaka Maciej, PMI-ACP, PMP
Felipe Fernandes Moreira, PMP
Syed Ahsan Mustaqeem PE, PMP
Feras Nakeshbandy, PMI-RMP, PMP
Adriano Neves, PhD, PMP
Habeeb Omar, PgMP, PfMP
Truc Pham, PMI-ACP, PMP
Crispin ("Kik") Piney, PMP, PgMP
P. Ravikumar, PMP, PgMP
Gilberto Regal
Raman Rezaei
Juan Carlos Rincón Acuña, PhD, PMP
Bernard Roduit
Sachlani, PSM I, PMP
Abubaker Sami, PgMP, PfMP
Jovita Jayarama Shetty, CSM, PMP
Walla Siddig Elhadey, PMI-RMP, PMP
Islam Mohamed Soliman, PMP
Mauro Sotille
Laurent Thomas, PMI-ACP, PMP
Gaitan Marius Titi, PMI-PBA, PMP
Micol Trezza, MBA, PMP
Ali Vahedi Diz, PgMP, PfMP
Rajkumar Veera
Thierry Verlynde, MS, PMP
Dave Violette, MPM, PMP
Barb Waters, MBA, PMP
Michal P. Wieteska, ASEP, PMP

X2.3.3 PMI 标准项目集成员顾问小组（SMAG）

PMI 标准项目集成员顾问小组（SMAG）在标准经理的领导下工作。我们衷心感谢他们在整个编纂过程中提供的令人信服和有益的指导。

在委员会的工作过程中，以下 PMI 社区的杰出成员提供了与 SMAG 不同的服务：

Maria Cristina Barbero, CSM, PMI-ACP, PMP
Michael J. Frenette, I.S.P., SMC, MCITP, PMP
Brian Grafsgaard, CSM, PMP, PgMP, PfMP
David Gunner, MSc, PMP, PfMP
Hagit Landman, MBA, PMI-SP, PMP
Vanina Mangano, PMI-RMP, PMP
Yvan Petit, PhD, MEng, MBA, PMP, PfMP
Carolina Gabriela Spindola, MBA, SSBB, PMP

X2.3.4 协调机构审核

以下人员为 PMI 标准项目集协调机构成员：

Nigel Blampied, PE, PMP
Chris Cartwright, MPM, PMP
John Dettbarn, DSc, PE
Charles Follin, PMP
Michael Frenette, PMP, SMC
Brian Grafsgaard, PMP, PgMP
Dave Gunner, PMP
Dorothy Kangas, MS, PMP
Thomas Kurihara
Hagit Landman, PMI-SP, PMP
Tim MacFadyen, MBA, PMP

Vanina Mangano, PMP
Mike Mosley, PE, PMP
Nanette Patton, MSBA, PMP
Crispin ("Kik") Piney, PgMP, PfMP
Mike Reed, PMP, PfMP
David Ross, PMP, PgMP
Paul Shaltry, PMP
C. Gabriela Spindola, CSSBB, PMP
Chris Stevens, PhD
Judi Vincent, BSc, BEd, PMP
David J. Violette, MPM, PMP

X2.3.5 协调团队核心团队

  Bridget Fleming, PMI-SP, PMP
  Gregory Hart
  Hagit Landman, PMI-SP, PMP
  Timothy A. MacFadyen, MBA, PMP
  Vanina Mangano, PMI-RMP, PMP
  Mike Mosley
  John Post, PMP
  David W. Ross, PMP, PgMP
  Cindy Shelton, PMI-ACP, PMP
  Gary Sikma, PMI-ACP, PMP
  Dave Violette, MPM, PMP

X2.3.6 制作人员

特别感谢以下 PMI 工作人员的付出：

  Kim Shinners, Product Coordinator
  Roberta Storer, Product Specialist
  Barbara Walsh, Product Manager, Publications

X2.4 《挣值管理标准》中文版翻译贡献者

以下人员承担了《挣值管理标准》中文版的翻译工作：

杨磊

郭晗，PMP、PMI-ACP、DevOps Professional

于秀，PMP、PMI-ACP、NPDP

感谢以下组织和人员为《挣值管理标准》中文版的翻译工作做出的贡献：

北京泛华卓越企业管理顾问有限公司

张爽

安静

崔志燕

白颖倩

附录 X3

挣值管理在项目组合和项目集层级的应用

X3.1 挣值管理（EVM）在项目组合和项目集层级遵循的原则

正如本标准第 1 章所述，遵循原则的理念是本标准的基础。其目的是，将最佳的挣值管理（EVM）概念和遵循的原则纳入高层级的、以结果为导向的指南中，而不对具体的系统实施标准进行过多的规定。在项目组合、项目集和项目管理生命周期中，这些概念在系统的方法下得到了最佳应用。为了在组织管理的框架下保持持续性，挣值管理系统（EVMS）的部署还应考虑系统的文化接受度。成熟的 EVMS 可以是重要的组织过程资产（OPA）。当在业务单元或更高的层级进行规划时，在设定单个项目组合或项目集组件的基准前，运用 EVM 方法的收益可能增加。作为项目组合、项目集和项目的 OPA，业务单元的 PMO［或企业级 PMO（EPMO）］可以根据每个业务单元或组织的绩效管理需求对 EVM 的实施方法进行维护和裁剪（例如，手动或自动化系统及其集成的工具、EVMS 与会计和审计流程的链接、质量保证框架和质量控制）。这种方法可以最好地交付预期的商业价值，并确保投入组织的所有努力和变革举措均能获得持续回报。

挣值管理原则对测量任何管理层级（项目组合、项目集和项目）的绩效都非常适用，也非常有效。EVM 可通过测量组织资源的消耗来可靠地监督投资的支出。EVM 可通过跟踪项目完成率、进度偏差等来监督特定质量的范围交付。在任何情况下，在任何管理层级（项目组合、项目集或项目），所有测量都应从预定义的基准开始进行。

当然，由于测量参数和目标的不同，基准也会不同。例如，项目组合完工基准可用于报告整个项目组合是否按时按预算交付了其总体预期的范围，从而为组织创造预期的附加价值。从业者可以创建绩效指标，在执行期间的任何给定时间点，对照相应的基准来跟踪实际的进展状态。例如：

- 就整体已完成的工作而言，消耗了多少资源？
- 就已花费的时间而言，应该完成多少范围？
- 就全部已完成的工作而言，应该花费多少时间？

当考虑到所有管理层级时，EVM 允许从业者管理时间、成本、范围、收益、经济附加值和投资回报。与其简单地监控项目，并只向关键干系人汇报定性的绩效结果，不如在所有的管理层级汇报可靠的定量绩效结果。在项目层级之上使用 EVM，通常意味着组织需要强化其收益实现的实践。随着基于项目的工作正以稳定的速度在全球增长，把 EVM 限制在项目层级越来越成为一个问题，因为项目组合和项目集的投资涵盖了组织的更多方面。在项目组合层级，为了使商业价值最大化，从业者应该定期重新确定工作的优先级。已实现的（挣得）价值这一概念和原则可能有助于成功满足此需求。例如，当成本过高或预期收益减少时（无论何种原因），EVM 有助于重新分配资源。

应在项目组合和项目集层级制定适当的测量指标（我们想要测量的内容）和基准。EVM 主要用于，根据预先定义的线性模型（由输出/可交付物的因果关系得出的预定比例），测量项目层级的工作（范围、时间、成本）。这种确定性方法也适用于项目组合或项目集。汇总所有组件的指标可以形成项目组合或项目集的绩效报告。同样，可以假设或赞同每个组件都是线性的，并为每个组件赋予权重。

X3.2 在项目组合和项目集的绩效管理中运用 EVM

组织需要一种方法来清晰、快速和交互式地识别、沟通并测量收益，以了解在整个计划期间收益是否实现了商业价值。正在实施项目组合和项目集管理的组织面临着一个重大挑战：组织是否拥有及时测量整个项目组合绩效的能力。该能力对于诊断趋势，识别需要及时采取纠正和改进措施的项目组合或项目集组件是至关重要的。高管需要有关项目组合的总体趋势、完工成本和项目组合资金影响的有效信息。此外，还需要增加关于整体项目组合或项目集绩效的最新知识，以便在管理和治理领域快速决策。EVM 原则（见第 1.1 节）对分析项目组合的绩效是很有价值的，因为 EVM 指标不仅可以展示在项目组合或项目集组件上花费了多少资金和人力，还可以展示组织利用这些资源产生了什么价值。通过运用合适的 EVM 概念和原则，管理层可以对组织执行整个项目组合所产生的价值（相对于已承诺和已使用的组织资源）有可靠的答案。从 EVM 数据中获得的信息可以使项目组合经理根据战略目标采取措施，从而保持和提升绩效。

正如本标准第 1.4.1 节概述的那样，从业者可以将 EVM 当作一种经过验证的绩效测量方法，在项目组合和项目集的组件上加以运用。

请注意，《挣值管理实践标准》[11] 没有提供任何有关管理项目集和项目组合的信息。但在《挣值管理实践标准》的第 G.14 节，确实提到了 EVM 的概念适用于测量基于收益实现的项目集绩效，以及基于组织价值创造的项目组合绩效。

在项目集和项目组合层级，从业者可以采用三种不同的方法来实施 EVM 系统：

◆ 在部分或全部项目集和项目的组件上运用标准的 EVM 方法。这同样适用于项目组合的组件。收集并汇总整个项目组合或项目集组件的挣值分析结果。可以根据组件在项目组合层级对整体价值增加的贡献度，以及在项目集层级对收益实现的贡献度来设定权重。在项目组合层级，此类指标可能对项目组合绩效领域的战略管理、项目组合治理和项目组合价值管理特别有用 [5]。

◆ 在项目集管理的层级，项目集经理制订了与项目类似的项目集工作分解结构（WBS）、组织分解结构（OBS）和主进度计划。因此，项目集管理计划的所有部分 [12]，以及基于收益的 EVM 方法与项目中使用的方法是类似的，区别只在于用收益实现替代了范围实现。项目集范围的总体完成情况是根据成本来测量的。项目集管理团队经常使用这种方法，但这种方法并不适用于项目组合。

请注意，《项目集管理标准》[12] 将 EVM 置于项目集生命周期管理绩效域。《项目集管理标准》的第 7 章和第 8 章简要描述了运用 EVM 的必要性。

◆ 项目组合管理应最大化地交付由组织或业务单元根据战略目标定义的价值。项目组合的绩效是基于组织增值,并通过执行与组织战略保持一致的项目组合组件而获得的(项目集绩效是在项目集层级通过交付的收益来测量的,项目绩效是在项目层级并在特定制约因素下通过交付的范围来测量的)。除了为每个项目组合的组件汇总挣值指标,并为整个项目组合形成绩效结果,项目组合从业者可能决定为整个项目组合系统创建价值实现指标。按照这种方法,测量指标会发生变化。在项目组合层级,指标依赖于收益的商业价值(或商业结果)。EVM 仍然可以在项目和/或项目集层级运行,聚焦于成本和收益,而在项目组合层级测量商业价值。最初,收益和相应的临时收益(根据有限的文献资料,当在项目组合和项目集层级运用挣值概念时,临时收益也被称为中间收益或部分效益。)必须被明确定义,并映射至项目组合路线图。项目组合路线图可以扩展至涵盖跨项目组合的组织收益生命周期的核心阶段。临时收益需要具备 SMART 的特点,并且通常是货币化的 [SMART 是具体的、可衡量的、可实现的(或可达到的)、相关的和有时限的首字母缩写词]。分摊技术可用于获取相关的组件并测量其收益。本标准为项目描述的挣值(EV)原则和概念也同样适用于制定绩效测量模型。

其中,第一种和第二种方法依据同样的 EVM 方法论。值得说明的是,第一种方法是最常用在项目组合或项目集层级的绩效管理的方法,即通过在每个组件上运用 EVM,来获得滚动的或汇总的绩效指标。具体来说,在每个组件上运用 EVM,获得的就是时间和成本方面的预测信息。这些信息可被用于控制整体的资源支配——不仅是现金流,尽管现金流最重要。在项目集层级,与项目集主进度计划配合的项目集总成本也可被用于确定项目集的整体绩效测量基准(PMB)[12]。该 PMB 被用于监控组织资源的使用情况。这在所有组织中都是一项重要的管理职能。高级管理层和项目组合治理委员会需要了解有关整体资源利用方面的准确信息,尤其是将在每个项目组合或项目集组件上花费的成本,以及每笔资金的时间需求。

上述第三种方法是一种不同的方法,供从业者参考。它可以用作整个项目组合或项目集组件的路线图(涵盖所有组件的输出),允许逐步累积收益,从而在项目组合层级实现增值。在这里,指标从整体范围变为指定时间段内的收益。这种分析需要选择一个或多个收益期,这些收益期将被映射至项目组合路线图,并被标识在组件/临时收益矩阵上(见注释)[13]。两者都需要由管理团队制定并纳入项目组合战略计划,同时要得到所有主要干系人的同意。开发一个 SMART 原则的模型,将组件的可交付物与临时收益联系起来是很关键的。整个项目组合或项目集的模式化进展（每个组件的进展与临时收益的实现密切相关）在时间上被认为是大致线性的。为了使这种方法切实可行，就需要对整个系统仔细分析，通常会使用可视化的方式（如决策模型、树形图、活动和信息流图），以便于理解并说明组件和子组件间的依赖关系。值得说明的是，输出的部分可交付物与临时收益相对应的项目集部分成果不匹配——收益通常来得更晚。这种关系对于每个项目组合或项目集都是独一无二的，认识和理解这种关系，对于实施实际的、有意义的挣值概念是至关重要的。

请注意，收益实现管理（BRM）是一组过程和实践的集合，用于识别、测量和评估收益，并评估其与战略的一致性。BRM确保收益在每个项目的执行和完成时得以实现，还确保所获得的收益在每个项目结束后都是可持续的。

在项目组合和项目集这两个层级上，为了设定一个符合SMART原则的收益管理基准，需要运用挣值概念来测量当前绩效，并预测未来绩效。对于该基准，以及路线图中指定的范围，收益（而非成本）是随时间的推移而变化的。一旦设定了收益管理基准，就要基于项目组合路线图和组件的输出/收益矩阵，根据该基准建立可靠的测量方法，并对测量方法进行验证。一旦创建了切实可行的测量模型，就可以在项目组合/项目集生命周期内任何指定的时间点上，计算计划收益和/或预期收益与已实现的或挣得的收益之间的偏差。

这种方法需要系统思维，并将整个项目组合或项目集视作一个系统。在实践中，大多数项目组合和项目集都属于这一类别。在运用挣值概念时，项目组合管理从业者可以通过使用当前的测量指标和完工估算，来分时间段地测量收益的创造过程（或商业价值的创造过程），以回答"我该如何实现特定的商业或战略收益"的问题。为了设定收益管理基准，从业者必须设定一系列假设：大致的线性关系、因果关系（成比例的因果关系）、项目组合系统的组件和子组件间的相互依赖性只产生了很小的影响、复杂性很低（例如，尽量不出现未知的风险和问题）。

要始终意识到复杂性的存在，以及它将如何影响绩效；要始终对当前状况的现实场景保持警惕。在尝试将基于线性思维的测量方法用于复杂系统的非线性场景时，从业者应该谨慎行事。另外，在挣值管理实践已被证明成功的前提下，详细审视项目集或项目组合（清晰的关联关系）的特点，可能对整个项目集或项目组合系统的实际应用有更彻底的理解。

如前所述，具有符合 SMART 原则的收益管理基准才是关键。推荐用以下方法来创建收益管理基准，首先为整个项目组合或项目集制订一个以收益为导向的项目组合战略计划、路线图和绩效测量标准（与组件输出相关联的临时收益），然后创建一个组件收益矩阵。为了对价值建模进行指导，一些组织建议，应创建关于项目组合价值的重要问题列表。其他方法则需要在关键系统组件之间通过逻辑依赖网络进行双向访问。路线图可将每个组件与相应的临时收益联系起来。有必要在系统的每个节点中将基本的模型信息可视化，以便测量进展，并以图形方式呈现路线图的完成情况。应该考虑这样一个事实，一些项目集的组件会产生直接收益，而另一些组件需要提前进行过渡工作才能产生收益。其中，测量结果的一致性和描绘的准确性、符合实际的情境都是最重要的。否则，有效的控制将无法实现。错误的测量通常会导致错误的管理决策。

必须为项目组合或项目集建立收益实现管理（BRM）框架[14]。一旦设计了收益地图并对其达成了共识，就要创建按时间段划分的收益实现路线图。该路线图可用于设定 PMB 的收益。其目标是，可靠地测量收益管理基准的偏差，因此，该模型可以为从业者回答有关规划了哪些临时收益以及已交付了多少收益的问题。

使用这种方法，要解决和管理的问题包括过多的不确定性组件及其属性，尤其是在项目组合层级。在项目组合层级，这种方法可能极大地影响基于计划和价值增加创建的符合 SMART 原则的测量基准。价值增加和临时收益的隐含内容是另一个需考虑的问题。受到人类行为因素的影响，突发情况和组件间相互关联带来的风险需要与现实的、可测量的临时收益及预期临时收益相适应，这是导致复杂性增加的一个深层次原因。

临时收益可用于测量进展，因为特别小的数据块可以用线性模型来建模。临时收益应与项目组合和/或项目集的组件或其子组件相关联；然后再创建控制账户。从本质上讲，EVM 是一种理性的、确定性的方法论。收益地图应该包括工作包、控制账户与每个项目组合（或项目集）的组件、子组件之间的契合实际的多对一关系。这些关系（包括它们之间的反馈循环关系）的建模准确性对于定义有意义的临时收益是非常重要的，尤其是在项目组合层级。临时收益和在不同时刻上项目组合的价值增加对于在项目组合层级开展测量和管理整体绩效是至关重要的。

项目组合的绩效信息还应包括：每个组件的进展情况，即哪些组件的输出已经交付（或者是在项目组合生命周期的哪个时点上交付的），以及在指定的时间范围内哪些组件的输出或可交付物为组织增加了价值。这个概念是从业者在项目组合组件（也可以是子组件层级的某些组件）之下的项目层级的控制账户中使用的，需要创建相应的控制账户。从业者可以采用"设计思维"的方法，来制定与商业论证和客户/负责人的体验及期望相符的绩效测量解决方案。挣值概念的成功实施为创建以收益为中心的文化，以及用长期视角来量化和计算需求提供了正当理由。项目组合治理要审查所有战略举措的商业论证，要讨论并批准已识别的收益，并对测量方法提出建议。项目组合治理需要确信这种方法胜过对预算、范围和进度的测量。这种方法主要用于汇报和以可视化的方式沟通业务影响。

在估算组件的临时收益时，从业者不需要从一开始就进行详细的估算。从另一个角度来说，从业者应该对整个项目组合或项目集进行总体估算。对临时收益进行滚动式估算被证实是有效的。现有文献表明，整个估算过程不仅实现了相当准确的预测，还涉及了认知——团队管理者对整个项目组合或项目集的战略目标、系统结构及预期和规划的结果或收益有了更深刻的理解。

附录 X4

绩效管理示例

X4.1 在智能楼宇的设计和建造过程中通过实施挣值管理来管理绩效

本附录的目的是提供一个示例，以说明项目团队如何使用挣值管理（EVM）来管理项目执行和项目绩效。这个示例主要来自组织的内部项目，其中有一些活动由供应商完成，但并未对供应商执行 EVM。这个示例通过展示一系列技术来帮助读者想象现实世界的项目团队可能遇到的各种情况。

在本示例中，一些项目活动属于 EVM 基准所覆盖的内容，而另一些项目活动不属于 EVM 基准。控制账户 CA-001 到 CA-004 属于基准，而 CA-005（智能楼宇移交阶段）不属于基准。这是组织负责人做出的选择，因为该负责人在组织中执行过其他类似的项目。之前的项目经验教训表明，CA-005 中的活动成功概率很高。应在 EVM 基准之外管理这个 CA，使项目控制经理能够在项目结束时完成绩效管理活动。领导层本可以选择仅在合同约定的部分应用 EVM。然而，他们之前的经验表明，在内部工作中实施 EVM 可以提升项目价值，并可以通过 EVM 最终管理项目交付。

本示例展示了一个由经验丰富的组织内部项目团队执行的标准交钥匙工程项目。为了便于读者理解，本示例将保持其通用性。本示例假设，一个经验丰富的团队为组织建造了多个智能楼宇。为了使示例简单明了，所有管理细节、技术细节和实施条件都被省略。

本示例显示了 EVM 实践的基本流程和流程之间的依赖关系，正如本标准所概述的那样。总结如下：

◆ 制定项目章程并就如何使用 EVM 做出基本决策（见第 2 章）。

◆ 使用 EVM 来规划项目（见第 3.1 节和第 3.2 节）。

◆ 建立项目基准和绩效测量基准（PMB）（见第 3.3 节至第 3.5 节）。

- 通过制定工作分解结构（WBS）来分解范围并通过制定组织分解结构（OBS）来建立团队架构。
- 使用责任分配矩阵（RAM）制订 CA 计划。
- 为每个 CA 分配明确的责任和义务。
- 使用工作包和计划包为每个 CA 制定分时段的预算。
  - 在本示例中，开发并使用了一个资源加载计划。因此，分时段的预算应提供活动级别的详细信息。
  - 本示例为其中一个 CA 建立了初始的详细计划，其他 CA 的计划暂时停留在规划包层级。随着项目的进展，在开始执行所有 CA 之前都要进一步将它们规划至详细的工作包。
- 每个工作包（WP）都将使用挣值（EV）测量技术。
  - 有目的地使用各种客观测量技术。
- 设定绩效测量基准（PMB）。
  - 使用资源加载计划来识别进度计划中的 EV 测量技术。这允许在进度工具中为整个项目设定 PMB。
- 通过使用正式的变更控制程序来维护示例中的基准，在整个项目执行过程中维持 PMB 的完整性。

◆ 根据基准测量和分析绩效（见第 4 章）。

- 记录项目执行期间的资源消耗。
- 使用之前选择的 EV 测量技术客观地测量实际工作进度。
- 导出 EV。
- 分析并预测成本和进度绩效。
- 报告绩效。
- 酌情确定并实施管理措施。

X4.2 使用 EVM 启动项目（见第 2 章）

在项目启动期间，发布项目章程并识别项目干系人。项目章程应包括：

◆ 实施 EVM 系统的总体方法。

◆ 实施 EVMS 的管理要求。

◆ 使用 EVM 的预期收益。

以下是本示例项目的基本章程大纲。

X4.2.1 项目名称

示例项目的标题是"智能楼宇的设计和建造"。

X4.2.2 项目描述

该项目旨在完成智能楼宇的工程设计、采购和施工。该项目包括信息技术（IT）设计、应用软件开发、硬件采购与安装工作，以及调试/移交工作。

请注意，这里没有提供详细的描述，目的是聚焦于 EVM 的使用。本示例可由使用者裁剪，用于任何其他类型项目及培训。项目章程中的这部分将包括对项目和产品的重点描述，还将包括项目的边界或任何特定元素，以及不属于项目范围的内容。

X4.2.3 项目的目的和理由

该项目的目的是完成智能楼宇的交钥匙工程，从概念、工程设计、建造、开发和安装具有物联网（IoT）的集成智能建筑系统平台及网关，到完成调试/移交。

请注意，物联网（IoT）是一个新兴术语，指的是通过互联网组建建筑物的数字网络，将设备、传感器和其他设备进行网络互联。

除了项目绩效参数，在项目干系人指定的成本和进度下，智能楼宇还应满足所有技术规范。项目商业论证的摘要及预期收益可以包含在本章节中。

X4.2.4　可测量的项目目标和相关的成功标准

项目目标是按照项目需求交付智能楼宇。项目成功标准是按业主的需求按时和按预算完成项目，并满足项目范围和质量规范。

X4.2.5　高层级的需求

项目使用组织的挣值管理系统（EVMS）管理绩效。管理团队决定移交阶段的工作（CA-005），这样将无须对CA-005进行EVM基准（PMB）管理，从而允许项目团队提前结束监控过程。该决定是基于经验和风险评估做出的。项目团队使用EVM来管理各种CA，其中一些CA使用的是外部供应商。在项目章程的这部分中应定义额外的高层级技术需求。

请注意，在本示例中，假设项目团队具有丰富的经验，并且组织中存在定义良好的组织过程资产（OPA）/事业环境因素（EEF）、适用于《PMBOK®指南》的各个知识域。本示例说明了EVM的应用不应该是非有即无的，而应根据管理需求适当应用，特别是与项目风险相关的需求。

X4.2.5.1　项目风险

基于组织之前在该CA内进行风险管理的经验，为建筑施工控制账户（CA-003）设置了50000美元的应急准备金（CR），并考虑了天气、场地清理和材料价格波动等因素。基于之前的项目经验和剩余预算，可为整个项目建立管理储备（MR）。

请注意，如果实施该项目的组织根据之前项目的历史信息来描述项目的总体风险，应在此处说明。对于本示例，项目团队有丰富的合作经验和智能楼宇的建设经验，因此，批准的 CR 和 MR 都低于项目预算的 10%。

X4.2.5.2 总体里程碑

该项目计划在 15 个月内完工。设计完成后 7 个月内完成规划，13 个月内完成土建工程。

请注意，本节应定义项目的高层级里程碑、截止日期、进度限制以及任何已识别的外部或内部依赖关系。

X4.2.5.3 预算和预先批准的财务资源

项目预算为 1500000 美元：

- 已授权的初始资金为 500000 美元（等待详细规划的完成）。
- 应急储备和管理储备将低于项目估算的 10%。（这是公司内部的传统，因为该公司通常不做风险很大的项目。）

X4.2.5.4 关键干系人清单

干系人的角色定义（如果有）：

- 组织的 PMO。
- 组织的领导层：负责人/总裁、首席财务官和首席信息官。
- 组织的资产管理组（内部客户）。
- 建筑/工程/建造公司。
- 敏捷软件公司。

X4.2.5.5　项目审批要求

项目审批要求包括：(a) 构成项目成功的因素，(b) 由谁来评定项目的成功与否，(c) 由谁来批准该项目。

- **项目的退出标准。** 该要求涵盖了关闭或取消项目（或阶段）所应达到的条件。在本示例中，项目在移交阶段应满足此条件。
- **授权的项目经理。** 项目管理办公室（PMO）应清晰定义项目经理的责任和权限。
- **项目发起人。** 在本示例中，资产管理组的负责人是项目发起人。

X4.3　使用 EVM 规划项目

在项目规划过程中，《PMBOK®指南》要求设定范围、进度和成本基准。在使用 EVM 时，这些基准被集成至 PMB（见第 3 章）。EVM 的使用体现了项目规划的重要性，考虑到资源和风险管理，EVM 的使用对建立项目范围、进度和成本的量化基准尤为重要。

在本示例中，我们正在考虑智能楼宇的设计和建造，其中包括土木和机械部分的设计和建造，以及智能楼宇的实现方法（将设备集成到单个信息技术板上，以形成集中式综合监控系统）。目标是，让建筑中的住户感受到智能化带来的好处，最大限度地利用可再生能源，确保住户的安全，并实现大楼内智能设备的集成和兼容。

在本示例中，项目团队已制订项目管理计划，已充分考虑了组织的 EEF 和 OPA，并通过 EVM 做出了所有恰当的决策。本示例中的项目团队之前使用过 EVM，并制订了项目管理计划；因此，根据他们的经验，无须设计进一步的流程和程序。相关的详细信息，见第 3 章的第 3.1 节和第 3.2 节。

范围规划过程的核心是创建 WBS，然后建立范围、进度和成本基准。项目团队应建立 OBS 并将其与 WBS 集成为 RAM。本示例的 RAM 如图 X4-1 所示。

绩效管理示例							
WBS	标题	#	控制账户	WBS	OBS	预算	
01	智能楼宇项目						OBS 标题
1.1	项目管理	CA-001	项目管理	1.1	01.01	336000美元	01 项目团队
1.2	规划	CA-002	规划阶段	1.2	01.02	67700美元	01.01 控制团队
1.3	智能建造	CA-003	建造	1.3.1	01.03	928080美元	01.02 设计团队
1.3.1	建造	CA-004	信息系统	1.3.2	01.04	61280美元	01.03 建造团队
1.3.2	信息系统				PMB	1393060美元	01.04 敏捷团队
1.4	移交	CA-005	移交阶段	1.4	01.01	13700美元	
					管理储备	93240美元	
					项目预算	1500000美元	

图 X4-1　智能楼宇责任分配矩阵（RAM）的示例

在本示例中，项目组织的结构被分解到团队级别。团队聚集了来自组织内部群组的各种成员，如工程、采购、施工和软件人员，以形成项目的矩阵型组织。矩阵型组织还包括供应商/承包商。项目控制团队是组织内部的，成员来自PMO。大部分工程和施工工作由承包商执行，它们是设计和施工团队的一部分。该组织还使用了一个非常有经验的团队，来打造智能楼宇的应用及底层信息管理系统，并将建筑物与电器设备的物联网组件进行连接。

该团队创建了 5 个 CA，它们定义了 RAM 中的关键结合点。这种分类方式使项目管理和绩效管理的职责得以清晰划分。这是项目管理团队为管理项目而做出的决定。建造 CA（CA-003）的预算几乎占项目的三分之二，还可以继续拆分该 CA。在本示例中继续拆分是没有必要的，这只会增加开销但不会提供更多的价值。

请注意，CA 位于 WBS 的不同层级，CA-001、CA-002 和 CA-005 位于 WBS 的一个层级，而 CA-003 和 CA-004 位于 WBS 的下一个较低层级。

在规划期间，团队要确定应急储备和管理储备的使用计划。对于这个项目，团队将遵循《PMBOK® 指南》来对这些储备进行规划，这些储备在启动阶段的章程中已有描述。根据临时风险的评估结果，团队决定在建造 CA 内的一段时间使用 CR[1]。这有助于团队了解潜在的资金需求。另外，还可以在 CA

1　为了完整地说明示例的思考过程，图 X4-2 中包含了一行有关 CR（CR-01）的内容。该行旨在根据时间及资源显示风险储备和与其相关的计划要素之间的关系。无须将这一行描述为 WBS 的一个元素或将其关联为日程中的一项活动。

活动开始或结束时对 CR 进行概要分析，或者在项目层级保留 CR。在规划时，还应定义项目团队中谁有权动用应急储备。例如，尽管应用于 CA 的 CR 是为应对风险而设置的预算，但在项目过程中可能仍需要项目经理的授权才能使用它，或者允许 CA 经理访问这部分预算。

随着 RAM 的建立，团队将根据进度计划开发并整合活动和资源（见第 X4.4 节）。应该为每个 WP 的工作内容都安排好资源（见表 X4-1）。本示例从第一个 CA（CA-001）的第一个工作包 WP-01（项目管理）开始。通过人力投入量（LOE）来计算 EV。在完成初步规划后，可以切换到 WP-02（管理产品实现）。然后，继续将 EV 技术应用于基准中的其他 CA/WP。在这个简化示例中，这会使绩效数据的处理复杂化。由于本示例未使用挣值商业工具，因此我们继续使用 LOE 来计算 EV。接下来，CA-001 和 CA-002 的详细规划已完成，这两个控制账户各有 3 个工作包（WP-01、WP-02、WP-03，以及 WP-04、WP-05 和 WP-06）。其他 CA（CA-003、CA-004 和 CA-005）在这个时间点仅包含规划包。随着设计成熟度的提高，这些 CA 和相关的规划包将作为 CA-002、WP-04、WP-05 和 WP-06 的一部分得到进一步细化。在 WP-02 中，项目控制团队会协助 CA 经理进行规划，以作为他们工作的一部分。这种方法就是滚动式规划的方法（见《PMBOK®指南》第 6.2.2.3 节和本标准第 3.4.1.3 节）。

从现在开始，假设整个项目已经得到详细规划，并使用滚动式规划的方法来细化工作包。表 X4-1 提供了成本细节。该表显示了，根据资源加载计划和人力投入时间，采用自下而上的方法为项目进行的成本估算。项目团队与不同的供应商签订了合同，设定了人工费率和/或单价。项目需求和建筑/工程设计已经具有足够的成熟度，可以同时满足设计和建造的工期及固定价格的要求。IT 开发与实施团队决定使用敏捷方法，即 Scrum。正在开发智能楼宇信息系统的敏捷 Scrum 团队与公司签订了长期的工料合同，以人时计价。Scrum 团队还为 CA-003 建立了基于风险的应急储备，使整个项目计划获得了该组织的认可。有关如何处理 CR 的进一步讨论，见第 X4.4 节。

表 X4-1 资源表

资源名称	工作	成本	材料标签	标准费率
项目经理	568 小时	56800.00 美元		100.00 美元/小时
项目控制经理	568 小时	45440.00 美元		80.00 美元/小时
进度调度员	264 小时	15840.00 美元		60.00 美元/小时
风险分析员	264 小时	15840.00 美元		60.00 美元/小时
成本评估员	264 小时	15840.00 美元		60.00 美元/小时
挣值管理专家	264 小时	15840.00 美元		60.00 美元/小时
采购经理	164 小时	13120.00 美元		80.00 美元/小时
工程经理	608 小时	48640.00 美元		80.00 美元/小时
土木工程专家	144 小时	8640.00 美元		60.00 美元/小时
电气专家	128 小时	7680.00 美元		60.00 美元/小时
机械专家	112 小时	6720.00 美元		60.00 美元/小时
IT 专家	96 小时	5760.00 美元		60.00 美元/小时
建造经理	780 小时	62400.00 美元		80.00 美元/小时
质量审计师	112 小时	6720.00 美元		60.00 美元/小时
物流经理	96 小时	5760.00 美元		60.00 美元/小时
HR 经理	548 小时	32880.00 美元		60.00 美元/小时
工料测量师	288 小时	17280.00 美元		60.00 美元/小时
监理工程师	444 小时	26640.00 美元		60.00 美元/小时
应用系统经理	624 小时	49920.00 美元		80.00 美元/小时
敏捷开发者 #1	498 小时	39840.00 美元		80.00 美元/小时
敏捷开发者 #2	488 小时	34160.00 美元		70.00 美元/小时
工程设计	1FP	25000.00 美元	FP	25000.00 美元
物流服务	1000 kg-km	20000.00 美元	kg-km	20.00 美元
楼宇建造	1FP	550000.00 美元	FP	550000.00 美元
室内装饰	100000 美元	100000.00 美元	美元	1000.00 美元
园艺服务	6000 美元	60000.00 美元	美元	1000.00 美元
IT 基础设施	1FP	65000.00 美元	FP	65000.00 美元
系统专家顾问	50 Person-Hour	5000.00 美元	Person-Hour	100.00 美元
建造风险应急储备	50000 美元	50000.00 美元	美元	1.00 美元/小时
	总计	1406760.00 美元		

X4.4 使用 EVM 执行和监控项目

如第 3 章所述，示例项目从第一个 CA（CA-001）的第一个 WP（WP-01，项目管理）开始。所有其他资源都在 CA-001 的规划包和其他 CA 中。该示例在项目规划阶段使用滚动式规划的方法，细化 CA-001 的其余部分和 CA-002，然后细化 CA-003，最后细化 CA-005。

除了 CA-001 和 WP-01，虽然还没有完成更详细的计划，但项目工作已经从 CA-001/WP-01 进入执行和监控过程。这个阶段的目标是，执行计划、完成工作、收集数据、生成 EVM 指标、分析绩效并做出决策。详情见第 4 章。除了项目的敏捷部分，还可以通过添加进度活动来规划剩余的 CA 和 WP，Scrum 敏捷方法使用 sprint 来迭代地规划要完成的工作。

在项目的执行过程中，EVM 需要对绩效进行测量并记录资源的消耗及相关成本（通常以货币形式表示）。

请注意，EVM 力求客观地测量工作的实际进展。越能达到这个目标，EVM 在绩效管理中越能发挥更好的作用，对有效项目管理的贡献也越大。一旦测量的是有形产品的质量，项目差异就会很大。例如，大多数建筑项目主要包括有形产品，可以很容易地对其直接测量。然而，许多科研项目只产生无形的成果，直到出现最终产品。虽然客观测量实物的进展是首选，但测量工作范围的完成情况，包括对进度的主观评价也是有价值的，总比没有测量方法好。

对整个过程的分析见本标准第 4 章。无论是测量绩效还是实际成本（AC），都需要与 PMB 进行比较来获得分析结果。因此，基于 PMB 中的 EV 技术，工作进展可按照规划的测量方法进行测量。使用这些测量的 EV 数据、来自 PMB 的 PV 数据，以及测量的实际数据（通常为成本数据，但也可以是小时数或其他测量结果），项目控制团队可在工作包层级计算 EVM 指标，将这些信息汇总到 CA 或整个项目层级，并根据需要汇报 EVM 结果。通常，PV、EV 和 AC 的收集在同一层级，即 WP 层级，但也有特例。AC 可以在 CA 层级收集，而 PV 和 EV 仍在 WP 层级收集。在本示例中，规划和测量处于同一层级。只有 WP-14 和 WP-15 在活动层级测量 EV，它们的测量在 WP 层级以下。有关 EV 指标的更多信息，见第 4.4 节。

当在项目规划阶段做出了重大决策后，团队将完成所有 CA 和 WP 的详细规划。图 X4-2 展示了该进度计划。随着范围的进一步细化、对范围的更深入理解、进度计划的进一步细化，以及资源的估算和活动资源的分配，团队遵循了对 CA-003、CA-004 和 CA-005 的变更控制，更新了分阶段的项目基准（整个项目），并根据 CA-001 至 CA-004 设置 PMB。

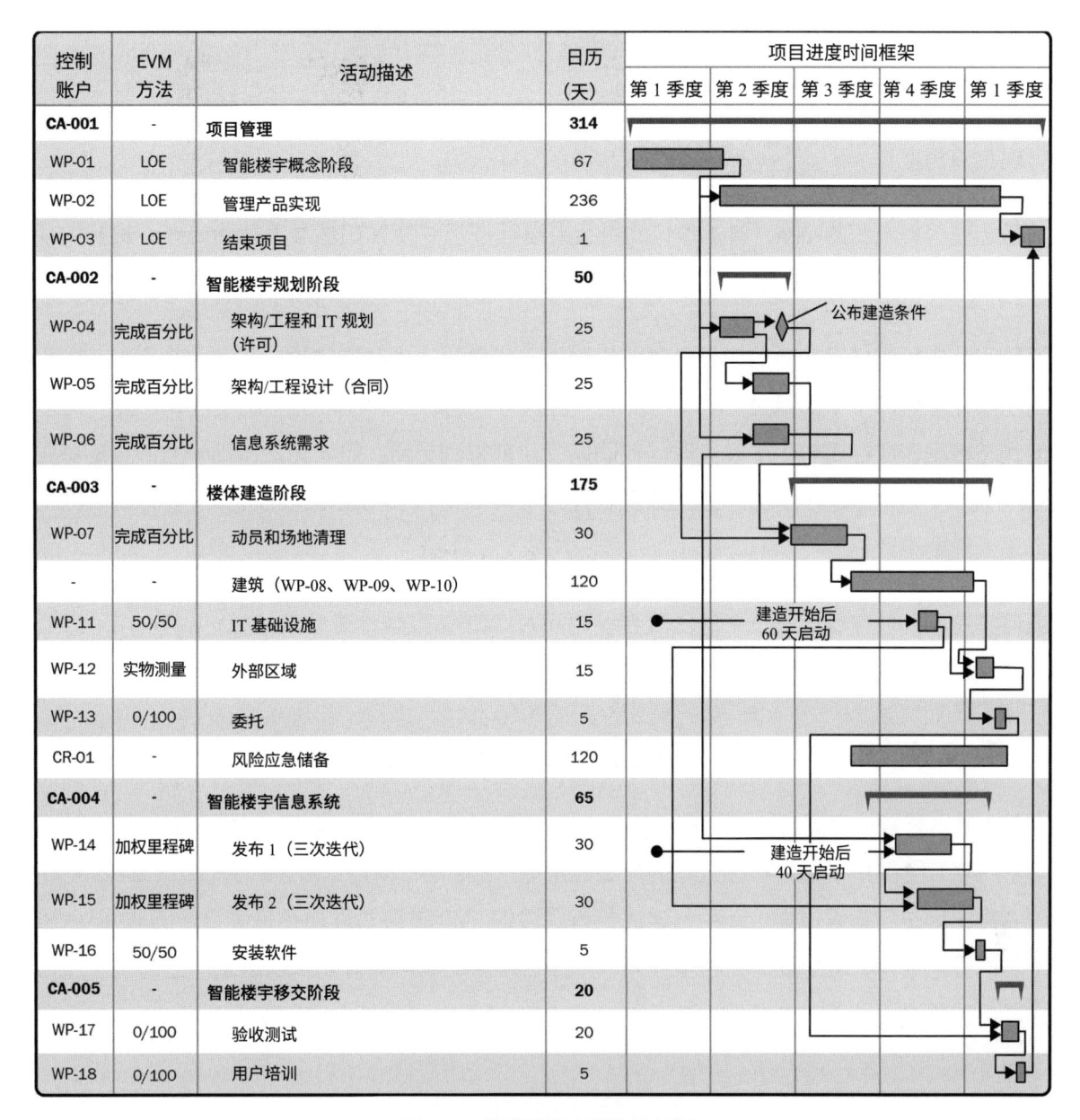

控制账户	EVM 方法	活动描述	日历(天)	项目进度时间框架
				第1季度 / 第2季度 / 第3季度 / 第4季度 / 第1季度
CA-001	-	项目管理	**314**	
WP-01	LOE	智能楼宇概念阶段	67	
WP-02	LOE	管理产品实现	236	
WP-03	LOE	结束项目	1	
CA-002	-	智能楼宇规划阶段	**50**	
WP-04	完成百分比	架构/工程和 IT 规划（许可）	25	公布建造条件
WP-05	完成百分比	架构/工程设计（合同）	25	
WP-06	完成百分比	信息系统需求	25	
CA-003	-	楼体建造阶段	**175**	
WP-07	完成百分比	动员和场地清理	30	
-	-	建筑（WP-08、WP-09、WP-10）	120	
WP-11	50/50	IT 基础设施	15	建造开始后 60 天启动
WP-12	实物测量	外部区域	15	
WP-13	0/100	委托	5	
CR-01	-	风险应急储备	120	
CA-004	-	智能楼宇信息系统	**65**	
WP-14	加权里程碑	发布 1（三次迭代）	30	建造开始后 40 天启动
WP-15	加权里程碑	发布 2（三次迭代）	30	
WP-16	50/50	安装软件	5	
CA-005	-	智能楼宇移交阶段	**20**	
WP-17	0/100	验收测试	20	
WP-18	0/100	用户培训	5	

图 X4-2　智能楼宇项目进度计划

表 X4-1 显示了资源名称/类型、数量和在每个工作包中估算的资源总成本。

请注意，这种分配基于的是哪些工作将耗费资源（经济角度），而不是资源最终被使用和支付的时间（现金流角度）。

项目经理根据组织的 OPA，对工作包的执行者进行授权并使其在基准下开始工作。最初，项目经理授权 WP-01，然后对 WP-02 至 WP-06 逐一授权。在完成项目的所有详细规划后，再授权其他 WP。

项目团队应每周使用简单的电子表格收集范围、进度和成本状态数据（见第 4.3 节）。项目/项目集控制团队在星期四下午向每位 CA 经理发送一份状态数据表，并在下周一上午收到回复。进度计划和其他状态数据表应在周一下午晚些时候的团队会议前得到更新。如果无法得到一些必要的数据，则 CA 经理可提供一个估算的实际值。这些数据表还为经理们提供了记录疑问的方式，或者说明他们计划的内容是否需要更改。

项目集控制团队在每周一下午的团队会议期间为每位 CA 经理计算绩效指标（见第 4.4 节）。第 X4.4.1 节至第 X4.4.5 节提供了团队在不同时间段进行的内部讨论及所采取的管理措施。

X4.4.1　第 10 周（第 1 年）

在 WP-01（智能楼宇概念阶段）中，团队发生的实际成本超出预算 5%，而正在估算的 CA-002 和 WP-04（架构/工程和 IT 规划）将在几周内与工程集成产品团队（IPT）一起准时开工（见表 X4-2）。IPT 的管理者意识到进度管理员是位新手（他比更有经验的 PMO 进度管理员花费了更多的时间）。团队认为这不是问题。另外，这个夏季和秋季的天气预报看起来比往年要好，所以这是一个让整个项目的预算大大降低的机会。

表 X4-2　第 10 周的 EVM 数据——智能楼宇概念阶段

CA	BAC	PV	AC	EV	CV	CPI	SV	SPI	EAC$_{cpi}$	TCPI$_{bac}$	VAC
CA-001	336000 美元	13325 美元	13992 美元	13325 美元	（666 美元）	0.95	0 美元	1.00	352800 美元	1.00	（16800 美元）
WP-01	19840 美元	13325 美元	13992 美元	13325 美元	（666 美元）	0.95	0 美元	1.00	20832 美元	1.00	（992 美元）
WP-02	267600 美元								267600 美元	1.00	0 美元
WP-03	18560 美元								18560 美元	1.00	0 美元
CA-002	67700 美元								67700 美元	1.00	0 美元
WP-04	24100 美元								24100 美元	1.00	0 美元
WP-05	24100 美元								24100 美元	1.00	0 美元
WP-06	19500 美元								19500 美元	1.00	0 美元
CA-003	928080 美元								928080 美元	1.00	0 美元
CR-01	50000 美元								50000 美元	1.00	0 美元
WP-07	31380 美元								31380 美元	1.00	0 美元
WP-08	380760 美元								380760 美元	1.00	0 美元
WP-09	98540 美元								98540 美元	1.00	0 美元
WP-10	119080 美元								119080 美元	1.00	0 美元
WP-11	71680 美元								71680 美元	1.00	0 美元
WP-12	173600 美元								173600 美元	1.00	0 美元
WP-13	3040 美元								3040 美元	1.00	0 美元
CA-004	61280 美元								61280 美元	1.00	0 美元
WP-14	30260 美元								30260 美元	1.00	0 美元
WP-15	29760 美元								29760 美元	1.00	0 美元
WP-16	1260 美元								1260 美元	1.00	0 美元
CA-005	13700 美元								13700 美元	1.00	0 美元
WP-17	11540 美元								11540 美元	1.00	0 美元
WP-18	2160 美元								2160 美元	1.00	0 美元
总计	1406760 美元	13325 美元	13992 美元	13325 美元	（666 美元）	0.95	0 美元	1.00	1477098 美元	1.00	（70338 美元）

X4.4.2　第 25 周（第 1 年）

CA-002（智能楼宇规划阶段）按时完成了 WP-04 和 WP-05，发生的实际成本低于预算 29%（见表 X4-3）。团队中的大多数成员在过去几个月里高效地完成了他们的工作，目前已负责组织内的其他工作。工程设计的供应商按计划执行工作，无须进行任何变更，未影响固定价格合同。但是，WP-06（信息系统需求）的进度落后了几个星期，因为团队成员无法有效地处理并行任务，但发生的成本仍在预算

附录 X4　绩效管理示例　　141

之内。团队能够完成影响土建工程的所有工作(WP-08)，2 周的进度延迟只影响几个月后才开始的 WP-09。因此，团队确定目前对项目没有影响。此时，团队决定推迟原定于第 31 周开始的 CR。团队将 CR 推迟到第 45 周，即 WP-11（IT 基础设施）开始的时间点。

表 X4-3 第 25 周的 EVM 数据——智能楼宇规划阶段

CA	BAC	PV	AC	EV	CV	CPI	SV	SPI	EACcpi	TCPIbac	VAC
CA-001	336000 美元	86674 美元	91008 美元	86674 美元	(4334 美元)	0.95	0 美元	1.00	352800 美元	1.02	(16800 美元)
WP-01	19840 美元	19840 美元	20832 美元	19840 美元	(992 美元)	0.95	0 美元	1.00	20832 美元	1.00	(992 美元)
WP-02	267600 美元	66834 美元	70176 美元	66834 美元	(3342 美元)	0.95	0 美元	1.00	312480 美元	1.01	14880 美元
WP-03	18560 美元								18560 美元	1.00	0 美元
CA-002	67700 美元	67700 美元	49728 美元	64268 美元	14540 美元	1.29	(3342 美元)	0.95	52384 美元	0.19	15316 美元
WP-04	24100 美元	24100 美元	17111 美元	24100 美元	6989 美元	1.41	0 美元	1.00	17111 美元	0.00	6989 美元
WP-05	24100 美元	24100 美元	17111 美元	24100 美元	6989 美元	1.41	0 美元	1.00	17111 美元	0.00	6989 美元
WP-06	19500 美元	19500 美元	15506 美元	16068 美元	562 美元	1.04	(3342 美元)	0.82	8818 美元	0.86	682 美元
CA-003	928080 美元	3138 美元	3138 美元	3138 美元	0 美元	1.00	0 美元	1.00	928080 美元	1.00	0 美元
CR-01	50000 美元								50000 美元		0 美元
WP-07	31380 美元	3138 美元	3138 美元	3138 美元	0 美元	1.00	0 美元	1.00	31380 美元	1.00	0 美元
WP-08	380760 美元								380760 美元	1.00	0 美元
WP-09	98540 美元								98540 美元	1.00	0 美元
WP-10	119080 美元								119080 美元	1.00	0 美元
WP-11	71680 美元								71680 美元	1.00	0 美元
WP-12	173600 美元								173600 美元	1.00	0 美元
WP-13	3040 美元								3040 美元	1.00	0 美元
CA-004	61280 美元								61280 美元	1.00	0 美元
WP-14	30260 美元								30260 美元	1.00	0 美元
WP-15	29760 美元								29760 美元	1.00	0 美元
WP-16	1260 美元								1260 美元	1.00	0 美元
CA-005	13700 美元								13700 美元	1.00	0 美元
WP-17	11540 美元								11540 美元	1.00	0 美元
WP-18	2160 美元								2160 美元	1.00	0 美元
总计	1406760 美元	157512 美元	143874 美元	154080 美元	10206 美元	1.07	(3432 美元)	1.00	1313579 美元	0.99	93181 美元

X4.4.3 第44周（第1年）

此时，PMB 中的所有 CA（CA-001、CA-002、CA-003 和 CA-004）都已细化并已执行，并分解出很多工作包（见表 X4-4 和图 X4-3）。

在 CA-003 中，WP-08（土建工程）已经提前 3 周完成。团队能够意识到，这是因为他们使用了建筑承包商的价值跟踪表（作为已完成工作的实际测量结果）来跟踪 EV。这项工作早在该 WP 开始时就进行了。这使团队可以根据每个进度周期提前启动其他几个 WP。

Scrum 团队提前 3 周（在第 40 周）开始 CA-004 是有可能的，因为团队预测到进度提前了——他们不仅跟踪进度计划，而且还跟踪楼体建造阶段（CA-003）的 EV 数据。

鉴于晴朗的天气和良好的项目进展，团队决定将 CR 预算移到管理储备（MR）中。这将使 PMB 总值降低 50000 美元，并在 MR 账户中增加同等数量的金额。此次操作是在正式的变更控制下执行的。此时，团队也决定调整完工尚需估算（ETC）。项目经理向公司领导层汇报：该项目可能低于预算 100000 美元（从 150 万美元降至 140 万美元）并提前 4 周完成。有关详细信息，见第 4.5 节。

表 X4-4　第 44 周的 EVM 数据（第 1 年）

CA	BAC	PV	AC	EV	CV	CPI	SV	SPI	EAC$_{cpi}$	TCPI$_{bac}$	VAC
CA-001	336000 美元	206470 美元	216794 美元	206470 美元	(10324 美元)	0.95	0 美元	1.00	352800 美元	1.09	(16800 美元)
WP-01	19840 美元	19840 美元	20832 美元	19840 美元	(992 美元)	0.95	0 美元	1.00	20832 美元	0.00	(992 美元)
WP-02	267600 美元	186630 美元	195962 美元	186630 美元	(9332 美元)	0.95	0 美元	1.00	312480 美元	1.09	(14880 美元)
WP-03	18560 美元								18560 美元	1.00	0 美元
CA-002	67700 美元	67700 美元	54057 美元	67700 美元	13643 美元	1.25	0 美元	1.00	54057 美元	0.00	13643 美元
WP-04	24100 美元	24100 美元	17111 美元	24100 美元	6989 美元	1.41	0 美元	1.00	17111 美元	0.00	6989 美元
WP-05	24100 美元	24100 美元	17111 美元	24100 美元	6989 美元	1.41	0 美元	1.00	17111 美元	0.00	6989 美元
WP-06	19500 美元	19500 美元	19835 美元	19500 美元	(335 美元)	0.98	0 美元	1.00	19835 美元	0.00	(335 美元)
CA-003	878080 美元	260283 美元	324785 美元	324785 美元	0 美元	1.00	64503 美元	1.24	878080 美元	1.00	0 美元
CR-01	0 美元	0 美元					0 美元		0 美元	1.00	0 美元
WP-07	31380 美元	31380 美元	31380 美元	3138 美元	0 美元	1.00	0 美元	1.00	31380 美元	1.00	0 美元
WP-08	380760 美元	215764 美元	246701 美元	246701 美元	0 美元	1.00	30937 美元	1.14	380760 美元	1.00	0 美元
WP-09	98540 美元	13139 美元	37774 美元	37774 美元	0 美元	1.00	24635 美元	2.87	98540 美元	1.00	0 美元
WP-10	119080 美元		8931 美元	8931 美元	0 美元	1.00	8931 美元	^	119080 美元	1.00	0 美元
WP-11	71680 美元								71680 美元	1.00	0 美元
WP-12	173600 美元								173600 美元	1.00	0 美元
WP-13	3040 美元								3040 美元	1.00	0 美元
CA-004	61280 美元	8336 美元	23316 美元	23316 美元	0 美元	1.00	14980 美元	2.79	61280 美元	1.00	0 美元
WP-14	30260 美元	8336 美元	23316 美元	23316 美元	0 美元	1.00	14980 美元	2.79	30260 美元	1.00	0 美元
WP-15	29760 美元								29760 美元	1.00	0 美元
WP-16	1260 美元								1260 美元	1.00	0 美元
CA-005	13700 美元								13700 美元	1.00	0 美元
WP-17	11540 美元								11540 美元	1.00	0 美元
WP-18	2160 美元								2160 美元	1.00	0 美元
总计	1356760 美元	542789 美元	618953 美元	622272 美元	3319 美元	1.01	79483 美元	1.00	1349523 美元	1.00	7237 美元

^A 未定义（除以零）。

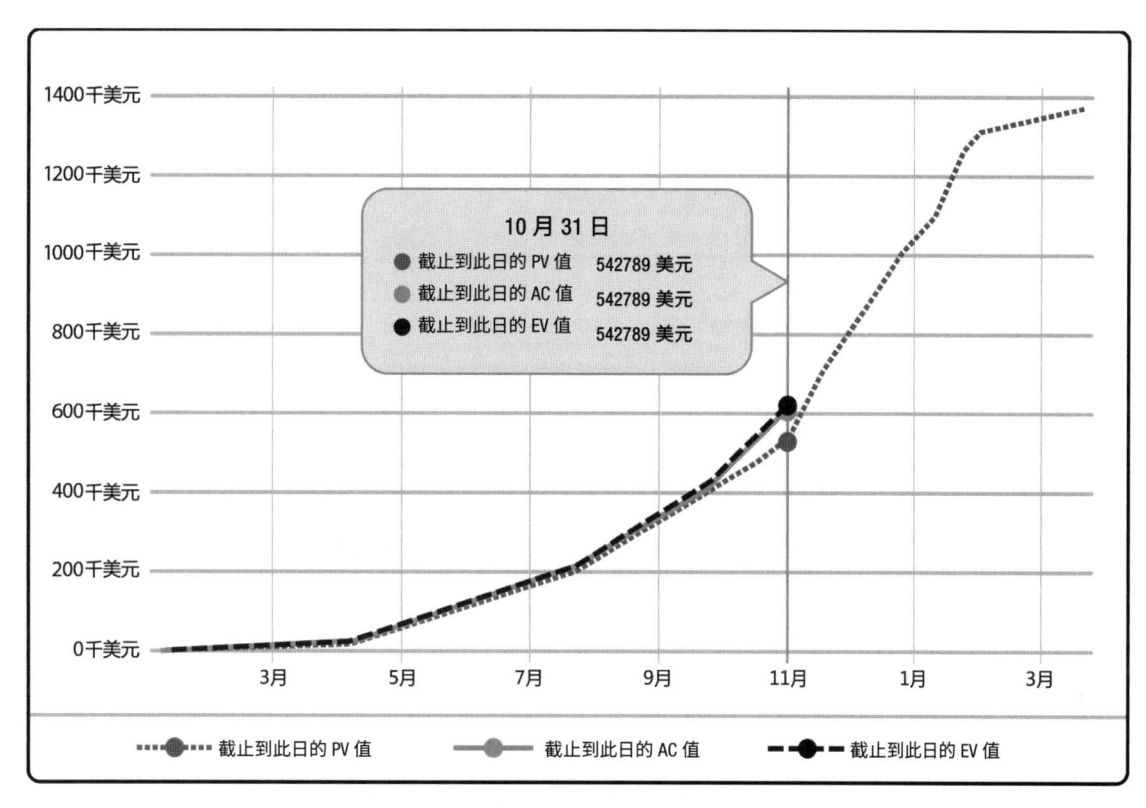

图 X4-3　第 44 周的 EVM 图形化数据（第 1 年）

X4.4.4　第 52 周（第 1 年）

鉴于项目进展顺利，组织对项目控制团队提出了额外要求（见表 X4-5）。在与公司高层领导者的会议上，团队会见了将接管大楼的经理。项目控制团队决定提前 7 周（价值 41613.53 美元），也就是在第 2 年的第 4 周执行 WP-03（结束项目），施工管理团队同时执行 CA-005（智能楼宇移交阶段）。许多施工管理团队的成员曾在 PMO 工作，非常熟悉移交阶段的工作。这一管理决策通过释放项目控制团队来开始另一个风险很小的项目，从而为组织节省了超过 40000 美元。

表 X4-5　第 52 周的 EVM 数据（第 1 年）

CA	BAC	PV	AC	EV	CV	CPI	SV	SPI	EAC$_{cpi}$	TCPI$_{bac}$	VAC
CA-001	294386 美元	237996 美元	249896 美元	237996 美元	(11900 美元)	0.95	0 美元	1.00	309106 美元	1.27	(14719 美元)
WP-01	19840 美元	19840 美元	20832 美元	19840 美元	(992 美元)	0.95	0 美元	1.00	20832 美元	0.00	(992 美元)
WP-02	255986 美元	218156 美元	229064 美元	218156 美元	(10908 美元)	0.95	0 美元	1.00	268786 美元	1.41	(12799 美元)
WP-03	18560 美元								18560 美元	1.00	0 美元
CA-002	67700 美元	67700 美元	54057 美元	67700 美元	13643 美元	1.25	0 美元	1.00	54057 美元	0.00	13643 美元
WP-04	24100 美元	24100 美元	17111 美元	24100 美元	6989 美元	1.41	0 美元	1.00	17111 美元	0.00	6989 美元
WP-05	24100 美元	24100 美元	17111 美元	24100 美元	6989 美元	1.41	0 美元	1.00	17111 美元	0.00	6989 美元
WP-06	19500 美元	19500 美元	19835 美元	19500 美元	(335 美元)	0.98	0 美元	1.00	19835 美元	0.00	(335 美元)
CA-003	878080 美元	520817 美元	603173 美元	603173 美元	0 美元	1.00	82356 美元	1.15	878080 美元	1.00	0 美元
WP-07	31380 美元	31380 美元	31380 美元	31380 美元	0 美元	1.00	0 美元	1.00	31380 美元	1.00	0 美元
WP-08	380760 美元	295089 美元	337925 美元	337925 美元	0 美元	1.00	42836 美元	1.14	380760 美元	1.00	0 美元
WP-09	98540 美元	54197 美元	78832 美元	78832 美元	0 美元	1.00	24635 美元	1.45	98540 美元	1.00	0 美元
WP-10	119080 美元	68471 美元	83356 美元	83356 美元	0 美元	1.00	14885 美元	1.21	119080 美元	1.00	0 美元
WP-11	71680 美元	71680 美元	71680 美元	71680 美元	0 美元	1.00	0 美元	1.00	71680 美元	1.00	0 美元
WP-12	173600 美元								173600 美元	1.00	0 美元
WP-13	3040 美元								3040 美元	1.00	3 美元
CA-004	60020 美元	33236 美元	48116 美元	48116 美元	0 美元	1.00	14880 美元	1.45	60020 美元	1.00	0 美元
WP-14	30260 美元	30260 美元	30260 美元	30260 美元	0 美元	1.00	0 美元	1.00	30260 美元	1.00	0 美元
WP-15	29760 美元	2976 美元	17856 美元	17856 美元	0 美元	1.00	14880 美元	6.00	29760 美元	1.00	0 美元
总计	1300186 美元	859749 美元	955242 美元	956984 美元	1743 美元	1.00	97236 美元	1.00	1299818 美元	0.99	2368 美元

X4.4.5　第 10 周（第 2 年）

施工管理团队按时并在预算范围内完成 CA-005。团队可以加快移交阶段的速度，但加快这项工作不是必需的。

X4.5　使用 EVM 关闭项目

作为结束项目（WP-03）的一部分，项目控制团队吸取了很多经验教训（见第 5 章）。在示例项目中，团队成功地吸取了以下经验教训（见表 X4-6）。

◆ 如果项目集控制团队正在使用新员工，他们可能需要更多的适应时间。因此，应调整估算团队成本的规则。

- EVM 的目标是，在完成工作的同时，实现更优的成本和进度绩效。但是，绩效不仅取决于项目执行的效率，它还取决于规划和控制的水平。
- 该组织将 CA-005（智能楼宇移交阶段）排除在 PMB 之外，以便项目控制团队可以完成项目的收尾。在这个项目中，施工管理团队代替 PMO 和项目经理牵头执行 CA-005，并取得了非常积极的成效。这一选项将被记录在组织的 OPA 中，供未来项目参考。

表 X4-6 项目收尾的数据

CA	BAC	PV	AC	EV	CV	CPI	SV	SPI	EAC$_{cpi}$	TCP	VAC
CA-001	294386 美元	294386 美元	308178 美元	294386 美元	（13791 美元）	0.96	0 美元	1.00	308178 美元	0.00	（13791 美元）
WP-01	19840 美元	19840 美元	20832 美元	19840 美元	（992 美元）	0.95	0 美元	1.00	20832 美元	0.00	（992 美元）
WP-02	255986 美元	255986 美元	268786 美元	255986 美元	（12799 美元）	0.95	0 美元	1.00	268786 美元	0.00	（12799 美元）
WP-03	18560 美元	18560 美元	18560 美元	18560 美元	0 美元	1.00	0 美元		18560 美元	1.00	0 美元
CA-002	67700 美元	67700 美元	54057 美元	67700 美元	13643 美元	1.25	0 美元	1.00	54057 美元	0.00	13643 美元
WP-04	24100 美元	24100 美元	17111 美元	24100 美元	6989 美元	1.41	0 美元	1.00	17111 美元	0.00	6989 美元
WP-05	24100 美元	24100 美元	17111 美元	24100 美元	6989 美元	1.41	0 美元	1.00	17111 美元	0.00	6989 美元
WP-06	19500 美元	19500 美元	19835 美元	19500 美元	（335 美元）	0.98	0 美元	1.00	19835 美元	0.00	（335 美元）
CA-003	878080 美元	878080 美元	878080 美元	878080 美元	0 美元	1.00	0 美元	1.00	878080 美元	1.00	0 美元
WP-07	31380 美元	31380 美元	31380 美元	31380 美元	0 美元	1.00	0 美元		31380 美元	1.00	0 美元
WP-08	380760 美元	380760 美元	380760 美元	380760 美元	0 美元	1.00	0 美元	1.00	380760 美元	1.00	0 美元
WP-09	98540 美元	98540 美元	98540 美元	98540 美元	0 美元	1.00	0 美元	1.00	98540 美元	1.00	0 美元
WP-10	119080 美元	119080 美元	119080 美元	119080 美元	0 美元	1.00	0 美元	3.00	119080 美元	1.00	0 美元
WP-11	71680 美元	71680 美元	71680 美元	71680 美元	0 美元	1.00	0 美元	1.00	71680 美元	1.00	0 美元
WP-12	173600 美元	173600 美元	173600 美元	173600 美元	0 美元	1.00	0 美元	1.00	173600 美元	1.00	0 美元
WP-13	3040 美元	3040 美元	3040 美元	3040 美元	0 美元	1.00	0 美元	1.00	3040 美元	1.00	0 美元
CA-004	61280 美元	61280 美元	61280 美元	61280 美元	0 美元	1.00	0 美元	1.00	61280 美元	1.00	0 美元
WP-14	30260 美元	30260 美元	30260 美元	30260 美元	0 美元	1.00	0 美元	1.00	30260 美元	1.00	0 美元
WP-15	29760 美元	29760 美元	29760 美元	29760 美元	0 美元	1.00	0 美元	1.00	29760 美元	1.00	0 美元
WP-16	1260 美元	1260 美元	1260 美元	1260 美元	0 美元	1.00	0 美元	1.00	1260 美元	1.00	0 美元
CA-005	13700 美元	13700 美元	13700 美元	13700 美元	0 美元	1.00	0 美元	1.00	13700 美元	1.00	0 美元
WP-17	11540 美元	11540 美元	11540 美元	11540 美元	0 美元	1.00	0 美元	1.00	11540 美元	1.00	0 美元
WP-18	2160 美元	2160 美元	2160 美元	2160 美元	0 美元	1.00	0 美元	1.00	2160 美元	1.00	0 美元
总计	1315146 美元	1315146 美元	1315295 美元	1315146 美元	（149 美元）	1.00	0 美元	1.00	1315295 美元	0.00	（149 美元）

附录 X4 绩效管理示例

参考文献

[1] Project Management Institute. 2017. *The PMI Lexicon of Project Management Terms.* Newtown Square, PA: Author.

[2] Project Management Institute. 2017. *A Guide to the Project Management Body of Knowledge (PMBOK® Guide)* – Sixth Edition. Newtown Square, PA: Author.

[3] Project Management Institute. 2017. *Agile Practice Guide.* Newtown Square, PA: Author.

[4] Project Management Institute. 2017. *PMI's Pulse of the Profession®: Success Rates Rise—Transforming the High Cost of Low Performance.* Newtown Square, PA: Author.

[5] Project Management Institute. 2017. *The Standard for Portfolio Management* – Fourth Edition. Newtown Square, PA: Author.

[6] Project Management Institute. 2019. *The Standard for Risk Management in Portfolios, Programs, and Projects.* Newtown Square, PA: Author.

[7] Project Management Institute. 2009. *Practice Standard for Project Risk Management.* Newtown Square, PA: Author.

[8] Project Management Institute. 2019. *Practice Standard for Scheduling.* Newtown Square, PA: Author.

[9] Project Management Institute. 2019. *Practice Standard for Project Estimating.* Newtown Square, PA: Author.

[10] Project Management Institute. 2017. *Project Manager Competency Development Framework* – Third Edition. Newtown Square, PA: Author.

[11] Project Management Institute. 2011. *Practice Standard for Earned Value Management* – Second Edition. Newtown Square, PA: Author.

[12] Project Management Institute. 2017. *The Standard for Program Management* – Fourth Edition. Newtown Square, PA: Author.

[13] Project Management Institute. 2019. *Benefits Realization Management: A Practice Guide.* Newtown Square, PA: Author.

[14] Project Management Institute. 2016. *PMI Thought Leadership Series: Benefits Realization Management Framework.* Newtown Square, PA: Author.

参考书目

Anbari, Frank, Dennis Cioffi, and Ernest Forman. "Integrating Performance Measures for Effective Project and Program Portfolio Leadership." Paper presented at PMI Global Congress 2007—North America, Atlanta, GA, October 2007.

Association for Project Management. *Earned Value Management: APM Guidelines.* 2nd ed. Buckinghamshire: Association for Project Management, 2014.

Association for Project Management. *Earned Value Management Handbook.* Buckinghamshire: Association for Project Management, 2014.

Association for Project Management. *The Earned Value Management Compass.* Buckinghamshire: Association for Project Management, 2014.

Cable, John, Javier Ordonez, Gouthami Chintalapani, and Catherine Plaisant. "Project Portfolio Earned Value Management Using Treemaps." Paper presented at PMI Research Conference: Innovations, London, England, July 2004.

Driessnack, John. "Time to Update OMB Capital Programming Guidance." PMI White Paper, 2017. https://www.pmi.org/media/pmi/documents/public/pdf/white-papers/omb-capital-programming-guidance.pdf

Heinlein, J. W., Christopher Craig, John Perotti, Megan Pearson, Teressa Wooten, and Lucas Balderson. "Earned Value Management: A Driver of Organizational Strategy; The Power of EVM in Managing Project Portfolios for Strategic Results." Paper presented at PMI Global Congress 2012—North America, Vancouver, British Columbia, Canada, October 2012.

Humphreys, Gary. *Integrated Project Management and Earned Value.* Frederick, PA: Humphreys & Associates, 2017.

Kulathumani, Murali. *Breakthrough Project Portfolio Management: Achieving the Next Level of Capability and Optimization.* Plantation, FL: J. Ross Publishing, 2018.

Piney, Crispin. "Benefits Realization Compendium: Benefits Integration Techniques for Tracking, Execution and Realization." *PM World Journal* VII, no. 4 (May 2019). https://pmworldlibrary.net/wp-content/uploads/2019/05/pmwj81-May2019-Piney-Benefits-series-part-9-Benefits-Compendium.pdf

Piney, Crispin. *Earned Benefit Program Management: Aligning, Realizing, and Sustaining Strategy.* Boca Raton, FL: CRC Press, 2018.

Portfolio Management Framework (Section 2—Volume 3 of 3). "Report of the Advisory Panel on Streamlining and Codifying Acquisition Regulation," Section 809 Panel, DoD, January 2019.

Rodrigues, Alexandre. "Effective Measurement of Time Performance Using Earned Value Management: A Proposed Modified Version for SPI Tested Across Various Industries and Project Types." In *Advances in Project Management: Narrated Journeys in Unchartered Territory* edited by Darren Dalcher, 67–96. London: Gower Publishing, 2014.

Rodrigues, A. "Performance Management for Projects and Programs." Paper presented at the PMI Greece Chapter PM Symposium, Athens, 2019.

Serra, Carlos Eduardo Martins. *Benefits Realization Management: Strategic Value from Portfolios, Programs, and Projects.* Boca Raton, FL: CRC Press, 2017.

Tyler, M. Jeffery. *Practical Project EVM.* 2nd ed. Charleston, SC: Create Space, 2015.

Wolfert, Roel, and Roger Davies. "From Earned Value to Value Realization." *PM World Journal* VI, no. 9 (September 2015). https://pmworldlibrary.net/wp-content/uploads/2015/09/pmwj38-Sep2015-Wolfert-Davies-from-earned-value-to-value-realisation-Advances-Series.pdf

Wu, Te, and Panos Chatzipanos. *Implementing Portfolio Management.* Newtown Square, PA: Project Management Institute (PMI), 2018.

术语表

1. 术语取舍

本术语表包括以下术语：

- 项目管理专用或几乎专用的术语（如项目范围说明书、工作包、工作分解结构、关键路径法）；
- 虽非项目管理专用，但与一般日常用法相比，具有不同用法或较狭隘含义的术语（如最早开始日期）。

本术语表一般不包括：

- 应用领域专用的术语；
- 在项目管理中与日常使用中无本质区别的术语（如日历日、延误）；
- 可以从各单个词汇的组合方式清楚地看出其整体含义的复合术语；
- 可以从源术语含义中清楚地看出其含义的派生术语；
- 只出现一次，对于句子要点的理解并不关键的术语。这包括术语表中并未定义的术语示例清单。

2. 常用缩写

AC   实际成本

AT   实际时间

BAC	完工预算	
CA	控制账户	
CCB	变更控制委员会	
CoP	实践社区	
CPI	成本绩效指数	
CR	应急储备	
CV	成本偏差	
EAC	完工估算	
EEF	事业环境因素	
ES	挣得进度	
ETC	完工尚需估算	
EV	挣值	
EVM	挣值管理	
EVMS	挣值管理系统	
IEAC	完工独立估算	
$IEAC_c$	完工独立成本估算	
$IEAC_t$	完工独立时间估算	
IETC	完工尚需独立估算	
IPT	工程集成产品团队	
KPI	关键绩效指标	
LOE	支持型活动	
MR	管理储备	
NTE	不超过	
OBS	组织分解结构	

OPA	组织过程资产
OTB	超目标基准计划
OTS	超目标进度计划
PMB	绩效测量基准
PMIS	项目管理信息系统
PMO	项目管理办公室
PV	计划价值
RAM	责任分配矩阵
RCA	根本原因分析
SAC	完工进度
SME	主题专家
SPI	进度绩效指数
SPI_t	以工作时间表示的进度绩效指数
SPI_w	以工作量表示的进度绩效指数
SV	进度偏差
SV_t	以工作时间表示的进度偏差
SV_w	以工作量表示的进度偏差
TCPI	完工尚需绩效指数
TSPI	完工尚需进度绩效指数
UB	未分配预算
VAC	完工偏差
WBS	工作分解结构
WP	工作包

3. 定义

Actual Cost（AC）. 实际成本 在给定时间段内，因执行项目活动而实际发生的成本。实际成本可以报告迄今为止的累计成本，也可以报告某一特定报告期的累计成本。

Actual Time（AT）. 实际时间 项目从开始到当前日期的时间数量。

Apportioned Effort（AE）. 分摊型投入 运用于不易被分解为分立型投入的项目工作，但与可测量的分立型投入的投入量成正比。分摊型投入的价值根据相应的分立型投入的挣值来决定。

Budget at Completion（BAC）. 完工预算 为执行一个项目、WBS 组件、控制账户、工作包中的工作所建立的全部预算的总和。项目的完工预算是所有工作包的完工预算的总和。

Change Control Board（CCB）. 变更控制委员会 一个正式组成的团体，负责审议、评价、批准、推迟或否决项目变更，并记录和传达变更处理决定。

Control Account（CA）. 控制账户 一种管理控制点。在该控制点上，将范围、预算、实际成本和进度进行整合，并与挣值比较，以测量绩效。每个控制账户可以进一步被分解为工作包和/或规划包。

Control Account Manager. CA 经理 处在项目的组织分解结构（OBS）中，被赋予管理一个或多个控制账户的权力和责任的经理。

Cost Performance Index（CPI）. 成本绩效指数 用于测量资源消耗的成本效率，表示为挣值与实际成本之比：CPI=EV/AC。

Cost Variance（CV）. 成本偏差 在某个给定时间点，预算亏空或盈余的数量，表示为挣值与实际成本之差：CV=EV－AC。正值表示有利的状况，负值表示不利的状况。

Cumulative Velocity. 累积速度 在某一时间点上，所有已完成迭代的速度总和。累积速度代表计划的待办事项所取得的挣值。

Discrete Effort. 分立型投入 能够规划和测量，并且能够产生特定输出的工作投入量。分立型投入与具体的最终成果或服务直接相关，具有明显的、可测量的点，其输出由分立型投入直接产生。

Distributed Budget. 分配的预算 项目范围的预算，被识别为工作分解结构（WBS）中的控制账户，并且由一位指定的 CA 经理负责。

Earned Schedule（ES）． **挣得进度** 一种挣值技术，用于测量计划价值等于挣值时对应的时间。

Earned Value（EV）． **挣值** 对已完成工作的测量，用该工作的批准预算来表示。

Earned Value Management（EVM）． **挣值管理** 将范围、进度和资源的测量值综合起来，以评估项目绩效和进展的方法。

Enterprise Environmental Factors（EEF）． **事业环境因素** 团队不能直接控制的，将对项目、项目集或项目组合产生影响、限制或指导作用的各种条件。

Estimate at Completion（EAC）． **完工估算** 完成所有工作所需的预期总成本，完工估算等于截至目前的实际成本（AC）加上完工尚需估算（ETC）：EAC=AC+ETC。

Estimate at Completion（time）（EACt）． **完工时间估算** 完成项目工作所需的预期总时间，完工时间估算等于实际时间（AT）加上完工尚需时间估算：$EAC_t=AT+ETC_t$。

Estimate to Complete（ETC）． **完工尚需估算** 完成剩余工作的估算成本。

Independent Estimate at Completion（IEAC）． **完工独立估算** 一种数学或统计学方法，利用 EVM 数据来预测 EAC 或 EAC 的数据区间。这些 EAC 的计算独立于任何未来的项目或环境条件，并且不能代替派生（自下而上的）项目的 EAC。

Independent Estimate at Completion（time）（IEAC$_t$）． **完工独立时间估算** 一种数学或统计学方法，利用 EVM 数据来计算项目工期或项目工期区间。使用挣得进度时，IEAC$_t$ 等于计划持续时间除以 SPI$_t$。

Independent Estimate to Complete（IETC）． **完工尚需独立估算** 一种数学或统计学方法，利用 EVM 数据来计算项目完工日期或完工日期区间。IETC 等于项目开始日期加上 IEAC$_t$。

Level of Effort（LOE）． **人力投入量** 一种用于支持型活动的测量方法，这种支持型活动不产生可客观交付或测量的确定的最终产品。

Organizational Breakdown Structure（OBS）． **组织分解结构** 对项目组织的一种层级描述，展示了项目活动与执行这些活动的组织单元间的关系。

Organizational Process Asset（OPA）． **组织过程资产** 执行组织所特有的并被其使用的计划、过程、政策、程序和知识库。

Performance Measurement Baseline（PMB）． **绩效测量基准** 经批准的、整合在一起的项目工作范

围、进度和成本计划,用来与项目执行情况进行比较,以测量、管理项目绩效。PMB 包含应急储备(CR)但不包含管理储备(MR)。

Planned Value（PV）. 计划价值 为计划工作分配的经批准的预算。

Planning Package. 规划包 已确定到控制账户但尚未被定义为工作包的工作和预算。

Project Management Information System（PMIS）. 项目管理信息系统 由收集、整合和传播项目管理过程成果的工具与技术所组成的信息系统。

Project Management Office（PMO）. 项目管理办公室 对与项目相关的治理过程进行标准化,并促进资源、方法论、工具和技术共享的一种管理架构。

Responsibility Assignment Matrix（RAM）. 责任分配矩阵 一种将项目的组织分解结构（OBS）与工作分解结构（WBS）相整合以识别控制账户的结构。

Root Cause Analysis（RCA）. 根本原因分析 一种分析技术,用于确定引起偏差、缺陷或风险的根本原因。一个根本原因可能引起多个偏差、缺陷或风险。

Schedule at Completion（SAC）. 完工进度 为完成整个工作范围而建立的总计划工期。

Schedule Performance Index（SPI）. 进度绩效指数 用于测量进度绩效,表示为以 EV 来测量的迄今为止的实际进展与以 PV 来测量的迄今为止的计划进展之比：SPI=EV/PV。

Schedule Variance（SV）. 进度偏差 测量项目进度绩效的一种指标,表示为挣值与计划价值之差：SV=EV−PV。

Summary-Level Budget. 摘要级预算 尚未成熟到可以合理规划和分配给控制账户的远期工作的阶段性预算。

To-Complete Cost Performance Index（TCPI）. 完工尚需绩效指数 为了实现特定的管理目标,如 EAC 或 BAC,通过剩余资源必须达到的成本绩效指标,表示为：TCPI=（BAC−EV）/（EAC−AC）。

To-Complete Schedule Performance Index（TSPI）. 完工尚需进度绩效指数 为了实现特定的管理目标,如 EAC_t,剩余工作必须达到的进度绩效的计算预测,表示为：TSPI=（AC−EV）/（AC−PV）。

Undistributed Budget（UB）. 未分配预算 尚未确定为工作分解结构（WBS）要素及在这些要素之下的控制账户的预算。该预算尚未分配给负责的 CA 经理以进行详细规划和阶段划分。

Variance at Completion（VAC）.　完工偏差 对预算亏空量或盈余量的一种预测，表示为完工预算（BAC）与完工估算（EAC）之差：VAC=BAC-EAC。

Variance Threshold.　偏差临界值 一个预先确定的正常结果范围，它设定了可接受的绩效边界，在该边界内，团队实施例外管理。通常为成本偏差（CV）、进度偏差（SV）和完工偏差（VAC）而建立。

Work Breakdown Structure（WBS）.　工作分解结构 对项目团队为实现项目目标和创建所需的可交付物而需要实施的全部工作范围的层级分解。

Work Breakdown Structure（WBS）Dictionary.　WBS 词典 针对工作分解结构中的每个组件，详细描述可交付物、活动和进度信息的文件。

Work Package（WP）.　工作包 在工作分解结构的最下层定义的工作，可以估算并管理这些工作的成本和持续时间。每个工作包都有唯一的工作范围、预算、进度开始和结束日期，并且可能只属于一个控制账户。

反侵权盗版声明

电子工业出版社依法对本作品享有专有出版权。任何未经权利人书面许可，复制、销售或通过信息网络传播本作品的行为；歪曲、篡改、剽窃本作品的行为，均违反《中华人民共和国著作权法》，其行为人应承担相应的民事责任和行政责任，构成犯罪的，将被依法追究刑事责任。

为了维护市场秩序，保护权利人的合法权益，我社将依法查处和打击侵权盗版的单位和个人。欢迎社会各界人士积极举报侵权盗版行为，本社将奖励举报有功人员，并保证举报人的信息不被泄露。

举报电话：（010）88254396；（010）88258888
传　　真：（010）88254397
E-mail：　dbqq@phei.com.cn
通信地址：北京市万寿路 173 信箱
　　　　　电子工业出版社总编办公室
邮　　编：100036